人工知能時代を〈善く生きる〉技術

堀内進之介
Horiuchi Shinnosuke

a pilot of wisdom

はじめに

スマートフォン（スマホ）、スマートウォッチ、スマート家電、スマートカーに続いて、スマートスピーカーなるものも登場し、今や「スマート化」がひとつの潮流になっている。実際、読者の身の回りにも「スマート化」されたデバイスがいくつもあることだろう。そして、読者の多くは、きっとこう感じているに違いない。

便利なモノがたくさんあるのに、効率は飛躍的に上がっているのに、個々の作業はずっと簡便になったのに、余裕ができるどころか、やることがもっと増えた気がする……。

この背後にあるのは、言わずと知れた「情報通信技術のハイテク化」である。特に近年、携帯電話回線などを使用してインターネット（ネット）に接続する、いわゆるワイヤレス・ブロードバンドの普及やクラウド環境への移行、さらにはSNSの拡大に伴い、二四時間、所かまわず、大人も子どもも、高齢者も障害者も、家電も身の回りの品も、車も食品もネットワークに接続される情報環境の整備が、先進国では最終段階に入った。総務省が発行する平成二七年版『情報通信白書』の言葉を借りれば、「『いつでも・どこでも・何でも・誰でも』ネットワークにつながる『ユビキタスネットワーク社会』」が、少なくとも技術やサービスなどの面では、ほぼ実現したと言える。

ユビキタスネットワーク社会では、人と人、人とモノとの間だけでなく、モノとモノとの間でも情報が盛んにやりとりされる。この情報交換の莫大《ばくだい》な履歴はビッグデータと呼ばれ、それを分析することで近未来を予測し、適切な対応を講じる「あたらしい技術」に、今、熱い視線が注がれている。自動車の渋滞を予測し通行規制をする緩和措置や、雨量を予測しダムの水門の開閉を調整して水不足に備える試みなど、企業や行政もビッグデータの利活用にとても積極的だ。このような技術やサービスは、もちろん一般消費者もターゲットにしており、個々人のニーズに即したパーソナル・アシストサービスの市場の波は、目下急速に広がっている。そして、この市場の波こそが「スマート化」の潮流をかたちづくっているのである。

「スマート化」は情報通信技術のハイテク化に加えて、ユビキタスネットワークの実現を背景とする情報交換履歴の桁外れの蓄積と、機械学習や深層学習などの技術の賜物なのだ。これらを十把一絡《じっぱひとから》げに「AI（人工知能）」と呼べば、「スマート化」とは、要するに、そうした情報処理技術の高度化の威力を、一般消費者である私たちが直接に経験するようになる出来事だと言えるだろう。

二〇一二年四月のストックホルムインターネットフォーラムで、スウェーデンのビルト外務大臣は、「インターネットは二一世紀の『水』であり、水のあるところに『命』が生まれる。インターネットへのアクセスが確保されたところに『希望』が生まれる。インターネットの自由の欠如は今日における貧困の一形態となる」と述べた。確かに、発展途上国には、情報通信環境の整備が貧困から抜け出す起爆力になった事例があるし、チュニジアやエジプト、リビアなどで起こった「アラブの春」のように、SNSが市民の政治活動に大きく貢献した例もある。先進国だけでなく途上国でも、「スマート化」を牽引《けんいん》する

「あたらしい技術」は、生活の利便性を向上させる推進力や経済発展の起爆力、あるいは市民活動の原動力として、まさに「水」と同じく必要不可欠なものになってきている。

しかし他方で、「いつでも・どこでも・何でも・誰でもネットワークに簡単につながる社会」の実現は、経験に即して言えば、余裕の創出には寄与せずに、むしろやるべきことがますます増える事態を招いている。束の間の休息も次の予定のための「スリープモード」であるに過ぎず、今やそれは「行動のための行動」であって無活動ではあり得ない。ある批評家は、この社会では「睡眠は負け組のためのもの」になりつつあるとさえ言っている。

あるいは、アメリカ国家安全保障局（NSA）および中央情報局（CIA）の元局員であるエドワード・ジョセフ・スノーデンが暴露したように、「ユビキタスネットワーク社会」は、政府の諜報《ちょうほう》活動にとって大変都合の良い社会なのであり、それはそのまま事業収益の拡大に役立つ個人情報を収集したい企業にも当てはまる。

さらには、本書で詳しく論じるように、「あたらしい技術」は、私たち個々人の行動履歴や購買履歴などのパーソナルデータの解析を基に、最適な選択が為されるように、強制や説得・誘引といった仕方で私たちを方向付けようとするものでもある。

これらの事実に照らせば、ユビキタスネットワーク社会を可能にする「あたらしい技術」は、私たちに「希望」をもたらすというよりも、私たちを監視・管理する最新の手段であり、私たちの自律性や自由に対する大きな「脅威」だと言いたくなる。

この見方、すなわち技術を人間性や道徳性に対する脅威と見なす思潮は、人文・社会科学では楽観論や待望論よりも圧倒的に数が多く、特に先端技術に対しては「脅威論を唱えなければ人に非《あら》ず」とでも言われそうなほどである。しかし、これは何も今に始まったことではない。事実、この種の脅威論は古典の中にいくらでも見つかる。

たとえば、マックス・ヴェーバーの有名な近代化論の骨子は、技術（的理性）は、合理性の追求と支配の徹底を推し進め、私たちを近代という「鉄の檻《おり》」の虜《とりこ》にする、ということである。マーシャル・マクルーハンも、技術は私たちを単なる「機械の生殖器官」に還元したと論じている。同様な議論は新旧問わず数多くあるが、それらを要約すれば、私たちは、自分たちがつくり上げてきたメカニズムの中に取り込まれ、いつの間にか技術の客体に甘んじている、ということになるだろう。

これらの脅威論には、確かに傾聴に値する部分が多く含まれている。本書でも、それらを踏まえ、「あたらしい技術」の何がどのように危険なのかを詳しく論じている。とはいえ、素朴な脅威論の中には看過できない前提もある。技術の進歩を制御できない自生的な運動だと捉え、私たちはそれに適応する他ないとする技術決定論や、人間は常に自律性を手放してはならず、それゆえに技術や道具を使用する主体であるべきだとする人間中心主義（ヒューマニズム）がそれである。これらは要するに、技術と人間を截然《せつぜん》と区別し、一方が他方を制御するという発想を基にしている。先端技術に対する楽観論（人間中心主義）は、基本的に人間が技術を道具として管理・支配できると考えているし、反対に、待望論（技術決定論）は、技術が人間性をラディカルに改善する可能性を心待ちにしている。そして、脅威論（人間中心主義）は、人間が技術によって管理・支配される可能性を問題にしているのである。

しかし、そうした発想は間違っている。

私たちは、技術を完全に制御できるとは言い切れないし、技術は無批判に身を委ねられる相手ではない。それにもかかわらず、私たちは技術のおかげで、より適切に振る舞えるようになることも多々あるのだから。

技術が隅々まで浸透した現代社会は、人間性や道徳性が荒廃したデストピアとは限らない。技術の危険性を指摘することができるのと同じだけ、人間の危険性を指摘することもできる。むしろ私たち人間の怠惰な性格や理性への意志の弱さ、感情で釣られる単純さに目を向ければ、現代社会は、ある面では、そうした人間のダメさを補い、私たちを有徳にする技術に溢《あふ》れていると言える。人間中心主義をわきに置けば、技術の恩恵に与《あずか》ることと、人間性や道徳性を失うことは、必ずしもトレード・オフの関係にはないことが分かるはずだ。

現代社会をデストピアにしないためには、技術も人間も、どちらも過信してはいけない。それはつまり、技術と人間を截然と区別するのではなく、相互産出的かつ相補的な関係として捉え直すことを意味する。技術は人間によってつくられるが、人間もまた技術によってつくられる。この事実に正面から向き合うことが必要なのだ。こう考えるなら、素朴な脅威論が採りがちな、「技術からの解放論」など取るに足らない。私たちに今必要なのは、

「技術による解放論」の方である。

「ユビキタスネットワーク社会」の弊害に対処するには、技術の影響力に抵抗するなどという無意味なことはやめて、むしろ技術の便益を最大限に引き出し、現在の技術との関係を刷新することを考えた方がいい。本書では、こうした刷新のあり方を「アンプラグド・コンセプト」として具体的に示した。詳しくは本論に譲るが、「アンプラグド・コンセプト」の基本理念は、「スマート化」を牽引する「あたらしい技術」を、常時接続による複数タスクの同時的な処理技術（身体拡張）の軛《くびき》から解放し、それらを時空間的に適切に再配分する技術（環境拡張）へと転換することを目指すものだ。

　しかし、本書で論じるこうした対策は、技術の使い方を見直そうというような、その都度の局所的な対応を推奨するものでは決してない。それはむしろ、近代に貫徹する人間中心主義を批判する立場から、諸制度の変革を企図し、いかに〈善く生きる〉かを問うものなのだ。その意味では、本書は、知識から権力を経て倫理へと焦点を移動させた、フランスの哲学者ミシェル・フーコーの晩年の業績に負うところが大きい。晩年のフーコーは、主体を構成する権力に対して、権力との関係の中で、主体構成の仕方に能動的に関わっていく自由の実践を、「自己のテクノロジー」として論じている。こう言ってよければ、本書の「技術による解放論」も、技術という支配的な権力との能動的な関係の中に、自由を、あるいはこの時代の「善き生」を見出《みいだ》そうとするものなのである。

本書のタイトル『人工知能時代を〈善く生きる〉技術』には、「ユビキタスネットワーク社会」の弊害に対して、まさにそれを牽引する「あたらしい技術《テクノロジー》」によって内側から乗り越える方途を示し、そうすることで本書が読者にとって、この時代を善く生きる技術《テクニック》のひとつになれればとの思いが込められている。

以下では、本書の構成について簡単に触れておこう。

序章——ユビキタスネットワーク社会を実現する「あたらしい技術」、そして、すべてを「自己責任」に帰結させる新自由主義の論理が相まって、「常時接続」と「アップデート」という二つの論理を内面化した「人的資本」として、私たちは自らを理解するように促されている。また、「あたらしい技術」も「人的資本」も、私たちの「主体性」を実質的に転倒させる、人間中心主義への挑戦として理解することができる。

第一章――そのように言えるのは、「あたらしい技術」の「あたらしさ」が、技術レベルばかりではなく、私たちを「意欲する主体」として構成（客体化）する仕方にもあるからだ。そして、「あたらしい技術」が可能にする個人の選好の「充足化」と「多様化」を例にとれば、それは、善用や悪用を簡単には区別できない問題を含んでいることが分かる。

第二章――そうした「あたらしい技術」が「脅威」になるのは、技術それ自体の問題というよりも、サービスとして社会に着地する場面で、必要以上に手助けすることでかえって状況を悪化させるイネーブリング（Enabling）の性格を帯び、共依存関係における支配を産み出すときである。しかし、「あたらしい技術」を敵視して、それへのカウンターとして「人間らしさ」を持ち出すのは、イネーブリングを強化するだけなのだ。

第三章――「人間らしさ」というカウンターが脅威を増大させてしまうのは、楽観論や待望論、脅威論が、人間と技術とを截然と区別し、技術は「人間らしさ」を体現できないと仮定しているからだ。しかし、技術哲学等を参照すれば、この仮定は期限切れであることと、そして、人間中心主義をわきに置いて人間と技術との新しい関係を築くべきことが分かる。

第四章――今や私たちは、状況に応じた適切な振る舞いを理性や意志にではなく、それが緩やかに促される環境に期待すべき時代に生きている。この観点に立つとき、複数タスクを同時的に処理する「即断即決の文化」に比して、適切な場所で・適切な時に・適切なタスクのみを処理する、いわば「スヌーズ文化」の重要性が増してくる。本書で示す、人間と技術との新しい関係は、「あたらしい技術」を、常時接続による複数タスクの同時的な処理技術（身体拡張）の軛から解放し、それらを時空間的に適切に再配分する技術（環境拡張）へと転換することで、「スヌーズ文化」を技術的に実現しようとするものだ。

第五章――こうしたコンセプトを支える思想は、「技術による解放論」だと言える。「技術による解放論」は、私たち人間は、これまでにも「大事にしてきた物事」を失いながらも、しかし、それによって多くの可能性を獲得してきたという歴史を参照している。そして、この時代でも、私たちは何かを失う運命にあるなら、ただ失うのではなく、やはり新たな可能性が生まれるようなかたちで失うべきなのだ。そう考えるとき、次の可能性と引き換えに失うべきなのは、他ならぬ「ヒューマニズム」かもしれないのである。

目次

第一章　魂を支配するテクノロジー

アマゾンエコーのインパクト

「会話型インターフェース」に注目すべき理由

データ化される私たち

「おすすめ」を買わずにいられるか

私たちは「意欲」しなくなっている

消費者を「意欲させる」技術

「あなたのために」というメッセージ

あなたの「データ」は誰のものか

「意欲させる」技術と「洗脳」の違い

「フィルターバブル」という問題

本当の「消費者の利得」とは

「意欲させる」技術の政治への応用

技術への依存と人間の存在意義

第二章　それでも、つながらずにはいられない

ポイントカードへの違和感の正体
「本当の私」が理解される社会とは
アナログからデジタル、デジタルからデジタル／アナログへ
デジタルなコミュニケーションでは満足できない
アイドルという究極のデジタル／アナログ
りりぽんの「結婚宣言」が明らかにしたこと
ＬＩＮＥ外しという「村八分」
つながればつながるほど自尊心は傷つく
トランプ現象というデジタル／アナログ
ユーザーを飽きさせない仕掛け
マターナリズムと共依存
歯止めが効かない「善意の暴走」
もしＡＩがストーカーだったら？

第三章　人間と「あたらしい技術」は共存できるのか

人間はＡＩと恋愛できるか
アナログに価値を置くのは危険
デジタル／アナログと「私」の関係
本当に恐れるべき「シンギュラリティ」
未来は『ターミネーター』にならない
技術は「便利な道具」なのか
「で、どうするんだ」という挑発
技術はコントロールできるのか
技術の「光」と「影」
「知」と「徳」の袋小路
技術の進化が止まらないとき
人を支配するのは、ロボットではない

危険なのは技術なのか
技術は「軍拡」より「軍縮」が大事

第四章　〈善く生きる〉技術

今という時代の「分岐点」
求めるのは「幸福」か「真理」か
バカなままでいられるか
日常の「システム」を警戒せよ
私たちの行動がビッグデータを変える
ケータイを持たない人は「変人」ではない
大事なのは「かっこいい」という価値観
「つながりっぱなし」のストレスから逃れるには
「身体拡張」という技術革新の行方
「ハイパーマルチ環境」がアンプラグドを可能にする

構成／加藤裕子
図版作成／クリエイティブメッセンジャー

序章　私たちを揺るがす「あたらしい技術」

なぜ「あたらしい技術」は私たちを疲弊させるのか

ＡＩ、ロボット、シンギュラリティ、ディープラーニング、ブロックチェーン、ＶＲ、ＩoＴ、スマートスピーカー……数年前には想像もしなかった「あたらしい技術」が今、急速に広がっている。こうした「あたらしい技術」は、便利さや快適さをもたらす一方で、私たちの生活や社会をこれまでにないかたちに変えていくことになるだろう。

技術がもたらす変化は、いつもいいことばかりとは限らない。インターネットやスマートフォンがない時代を知っている世代は、以前と比べて、確かにいろいろなことが便利にはなったものの、何だかやけに忙しくなったと感じているはずだ。それは「こんなはずではなかった」という感覚に近いかもしれない。本当なら、技術の進化によって便利になったのだから、私たちにもっと余裕が生まれているはずである。それなのに、「あたらしい技術」が進化すればするほど疲弊させられていくのは、ひとつには「つながりっぱなし」、そしてもうひとつには「アップデート」という、ふたつの負荷が私たちにのしかかっているからだ。

「つながりっぱなし」の弊害については、多くの人が実感しているだろう。今はネットにつながる環境さえあれば、たとえどんな僻地《へきち》にいても、昼夜かまわず仕事という日常が追いかけてくるようになったし、膨大な情報が溢れるネットを検索すれば、知らなくてもいいことまで、つい目に入ってきてしまう。写真や映像、音楽をアプリケーション（アプリ）のおかげで素人でもプロっぽく加工できるようになり、「インスタ映え」に代表されるような、いかにたくさんの「いいね！」をもらうかに、多くの人が熱中している。ちょっと手持ち無沙汰になれば、すぐさまスマホを取り出して、ゲームをしたり、ネットを見たり、ＳＮＳをチェックしたりせずにはいられない様子は、まさに「中毒」そのものだ。

「アップデート」し続けるストレス

もうひとつの「アップデート」の負荷は、「自己責任」を基調とする現代社会の価値観と大きく関係している。

テクノロジーの恩恵で何かが便利になったとしても、その分の労力や時間を私たちは無為に費やすことができない。たとえば自動運転の車に乗ることで、「運転」という行為をせずにすむようになったとしよう。しかし、そのことによって生まれた「余暇」は、窓に映る景色をしみじみ眺めたり、音楽を聴いたり、同乗者との会話を楽しんだりするのではなく、仕事や勉強といった「役に立つこと」に使われる。便利になり、合理化を追求することで、私たちは楽になるどころか、逆にやることがどんどん増えていくのが現実なのだ。

その背景にあるのは、無為に過ごすこと＝怠けることだと捉え、それでは「負け組」になってしまうという、一種の強迫観念だろう。『いかにして民主主義は失われていくのか――新自由主義の見えざる攻撃』の著者でアメリカの政治学者ウェンディ・ブラウンが言うように、すべてを「自己責任」に帰結させる新自由主義において、個人は「人的資本」となり、私たちは自らの「人的資本」としての価値を高めようと、過酷な競争社会を勝ち抜くための知識や技能を身につけるべく躍起になる。もちろん、技術もそのための重要なツールだ。そして進化する技術に乗り遅れることは個人の努力不足と見なされ、それは自己責任なのだから競争社会から脱落してもしかたがない、と片付けられてしまう。

しかし、驚異的とも言えるスピードで進化を続ける「あたらしい技術」を個人の努力だけでアップデートし続けることは、それこそ達成不可能なミッションだ。それでも、競争社会で生き残り、「人間の仕事」を奪おうとするＡＩと差別化していくためには、どんなに苦しくてもアップデートし続けるしかない、という雰囲気がつくられつつある。

絶え間ないアップデートが目指すのは、「あれもこれもできる」という、一種のハイパーマルチ人間だ。進化するテクノロジーを活用しつつ、事務能力、営業力、クリエイティブな発想力、タスク管理能力など、すべてを備え、多岐にわたるジャンルの仕事をひとりでこなしてパフォーマンスを上げる。本当にそんなことができる人間がどれだけいるかは分からないが、そうやって「人的資本」としての価値をどこまで高めていっても、それは競争社会の激しさを増すことにつながるばかりで、アップデートのストレスは強まりこそすれ、決して減ることはない。

かつてフランスの社会学者エミール・デュルケムは、個々人が社会の重要なパーツとして存在し、分業を通じて有機的に連帯する社会を論じたが、「人的資本」としての価値を高めることはすなわち、有機的な連帯には目もくれず、仕事を何もかもすべてひとりで背負うことを求めるようなものだ。デュルケムの目には、今の私たちは入れ替え可能な「歯車」となることで人間性が失われたのみならず、複雑かつ大量の仕事をこなすためにアップデートを繰り返さざるを得ないマシンと化しているように映ることだろう。

人間が「世界の主人公」でなくなるとき

近年、機械でもできる単純作業はＡＩに任せ、人間はクリエイティブな仕事に集中すればいい、という観点で職場へのＡＩ導入が語られている。しかし、アメリカの社会学者リチャード・セネットが『それでも新資本主義についていくか――アメリカ型経営と個人の衝突』で論じるように、単純な事務作業などのルーティンワークはむしろ個人を守ってくれるものと言える。「クリエイティブな仕事」と言うと聞こえはいいが、実際のところ、クリエイティブな作業には、どこまでやってもゴールに到達することはないというハードさがつきまとう。ルーティンワークに携わる方が明らかに負担は軽いし、誰もが「芸術家」として生きる厳しさに耐えられるわけでもない。

それでも、もしかしたら「あたらしい技術」の進化によって、たとえば人間の能力そのものが飛躍的に高められ、皆が「人的資本」としての自らの価値を向上させて活躍できる時代が到来するかもしれない。だが、今の技術のあり方を見る限り、「あたらしい技術」を使いこなし、自分が「主人公」となって活躍しているという感覚は、単なる錯覚ということになりそうだ。詳しいことは次章以降で述べていくが、このまま「あたらしい技術」が進化していくならば、「主人公」は人間ではなくテクノロジーの側となるだろう。やがて私たちは「機械がまだ機械のたのしさを持っていた時代　科学が必ずしも人を不幸にすることは決まってないころ　そこはまだ世界の主人公は人間だった」という『天空の城ラピュタ』のキャッチコピーそのままの世界を目の当たりにするかもしれない。

現在の自動運転技術は「物足りない」

「あたらしい技術」は、既に、私たちと融合を始めている。スマホでもネットでも、「あたらしい技術」は私たちが使う「道具」というより、今やその中にどっぷりと浸《つ》かる「第二の自然」だ。道具であれば、使うか否かを決める主体は私たちだが、そうした旧来のビジョンでは、既に「ここにあるもの」として、私たちと一体化しつつある「あたらしい技術」に対応できない。むしろ、道具だと思っていた「技術」が主体で、私たちが客体になるのが、「あたらしい技術」なのだ。

　車の自動運転を例に、この主体と客体の関係を考えてみよう。ＡＩ研究者の中には、現在の自動運転技術のことを「物足りない」と言う人もいる。その理由は、今、自動運転と呼ばれているものが本当の「自動」ではないからだ。自動になったのは運転という作業に限定され、どこに行くかという目的地は運転する人間が入力しないといけない。つまり、今の自動運転はいまだ「道具」であり、運転する人間が主体となって、自動運転という便利な道具を使っていると言える。

「本当の」自動運転であれば、車に乗り込んだだけで、車は目的地に向かって走り出す。車に乗った者の行動履歴やカレンダー機能等のデータがすべてＡＩによって解析されているので、いちいち入力しなくても、「今日は○月○日○曜日の○時だから、この人の行先は△△だ」ということを、車がちゃんと把握しているわけだ。車に乗った者が自分でアクションを起こさなければならないのは、何かイレギュラーな予定が入ったときだけであり、「いつもの目的地に向かおうとしているな。変更を指示してやらなくちゃ」といった具合に修正してやればよい。こうした「本当の」自動運転においては、アクションを起こす主体は自動車であり、人間はただリアクションするだけの客体になる。つまり、主体と客体の関係が転倒するのだ。

現在の自動運転が「本当の」自動運転になるのは、技術的なことだけで言えば、ほんのワンステップである。「何もしないで、車が勝手に目的地に連れて行ってくれるなんて、すごく便利じゃないか」と思うだろうか。

だが、人間が起点という意味での主体でなくなるということは、単に「便利になった」というだけでは終わらない。この問題は、思想的レベルというより、もっと身近で具体的なところに及んでくる。近代以降の社会の枠組みは、まさに、人間は主体的な意志を持つ存在であるという前提を基につくられてきた。「あたらしい技術」がもたらす主体と客体の転倒は、そうした枠組みそのものに根本的な変革を迫ることにもなりかねない。

社会の枠組みに挑戦する「あたらしい技術」

たとえば、犯罪者に刑罰を与えることを正当化するロジックのひとつに、応報説と呼ばれるものがある。応報とは「因果応報」の応報だが、要するに、個々人には自由意志があるということを前提に、犯罪行為をしないという選択もできたはずなのに犯罪行為をしてしまったというのは、その人がそういう意志を持ったからであり、だから責任の所在はその人にある、という論理だ。

では、「自動」運転で事故が起こった場合、責任は誰が負うことになるのだろうか。今までであれば、事故の責任をとって処罰されるのは車を運転していた人間、というのが社会のルールだった。なぜなら、主体である運転者には、事故を起こさない選択ができたにもかかわらず、事故を起こしてしまったからである。しかし、本当の「自動」運転の主体は、もはや車に乗っている人間ではないので、現在の法律では対応できないということになってしまう。

一方、ゲノム編集をはじめとした、遺伝子工学もまた、こうした従来の枠組みを揺るがす「あたらしい技術」だ。既に技術的には、遺伝子を改変し、優生学的に優れた人間を生み出すことが可能なところまで進んでいる。もしそれが実現し、そうやって生まれた人間が何らかの罪を犯したとき、その責任の所在を確定するのは非常にセンシティブな作業になるだろう。その人の意志とは関係なく、遺伝子の改変によって罪を犯す傾向があらかじめ備わってしまっていたのだとしたら、果たして罪を犯したのは、本当にその人の自由意志と言えるのだろうか。

私たちの主体的な意志を前提としない技術が世の中を覆っていったとき、こうした問題は法律にとどまらず、マーケティングから政治の分野に至るまで、社会のあらゆるところで齟齬《そご》や混乱を生じさせていくだろう。どんなに「便利になる」と言われても、私たちが「あたらしい技術」に不安を抱くのは、それによって、これまでの社会の枠組みや人間という存在そのものが大きく揺らぐことを、どこかで感じているからかもしれない。

「あたらしい技術」と「あたらしい社会」のビジョン

「あたらしい技術」によって、今までにない社会が到来すること自体は明らかであり、私たちは、その入口に立っているのだと言える。もはやこれまでの価値観ではやっていけないし、先の見えない時代を生き抜くための対応策が求められている。しかし、「それなら、なおさら『人的資本』としての自分の価値を高めなければ」などと考えない方がいい。個人の能力を高める意義を否定はしないが、「あたらしい技術」がもたらす「あたらしい社会」においては、どんなに一所懸命に自らの「人的資本」の価値を高めようとしても、疲弊するばかりということになるだろう。そんなふうに自分のことにだけ関心を向けるのではなく、むしろ自分たちを取り巻く身近な人々やそこに生きる社会との、あるいは物理的な環境や技術との関係をどのように築いていくかに、もっと目を向けることが必要なのだ。

その時、ことさらに「あたらしい技術」の脅威に警鐘を鳴らすだけでは、「何だか怖い」という不安を掻《か》き立てるだけに終わってしまうし、かといって「あたらしい技術」がバラ色の未来をもたらすという楽観論も、技術が悪用される可能性をあまりにも軽視しているという点で、どこか胡散臭《うさんくさ》い。

確かなことは、私たちがとるべき態度は、定かではない未来の予測に過剰に反応して右往左往することではない、ということである。どんなに「変わって欲しくない」と願っても、これからの社会は変化せざるを得ないだろう。だとしたら、どのように変わって欲しいのか、そのビジョンを思い描くことこそが実践的な解につながっていくはずだ。

そのためには、今「あたらしい技術」が社会をどう変えようとしているのかを知らなければならない。脅威でもバラ色の世界でもない、「あたらしい技術」の真の姿に、あなたは気づいているだろうか。まずは、私たちにとって非常に身近な購買行動とビッグデータ活用を手がかりに、現在進行形の「来るべき未来」を見ていくことにしよう。

第一章　魂を支配するテクノロジー

アマゾンエコーのインパクト

先日、日本でも発売された「Amazon Echo」（アマゾンエコー）や「Google Home」（グーグルホーム）など、ＡＩを搭載した会話型インターフェースが注目を集めている。「スマートスピーカー」とも呼ばれるこれらの家電デバイスは、音声を認識して様々な操作を実行（あるいは代行）してくれるが、あらゆるものがネットとつながる「ＩｏＴ」と連携させることにより、私たちの生活の利便性を高めていくと考えられている。二〇一四年に世界各地で先行発売されたアマゾンエコーの成功を受け、グーグルホームの他、ＬＩＮＥの「ＷＡＶＥ」、ＳＯＮＹの「ＬＦ－Ｓ50Ｇ」、あるいはフェアリーデバイセズが企業向けに開発した「Fairy I/O Tumbler」など各社が追随し、既にひとつのジャンルが形成されつつある。

人工知能を活用したビジネスは、二〇三〇年には約八七兆円に成長するという予測もある中、こうした会話型インターフェースはスマホに次ぐ起爆剤になると大きな期待を寄せられている。スマートスピーカーは①人工知能が身近なものになってきたこと、②音声操

図１　アマゾンエコー（写真提供：共同通信社）

作がこれまでのタッチ操作に代わる技術として期待されること、③市場的に飽和段階に入ったスマホに代わる新商品であること、などが特徴とされる。近い将来、ネットにつながれている家電はスマートスピーカーを通じて、すべて音声で操作可能になるだろう。いちいちリモコンやスイッチを使わなくても、ＡＩがすべてやってくれるという生活は、もう目の前まで来ているのだ。

現在起こっているスマートスピーカーの開発・販売競争は、「パーソナル・アシスタント」と呼ばれるにふさわしい機能（ＡＩアシスト機能）を備えた製品やサービスが今後社会に広がっていくための前哨戦《ぜんしょうせん》だと言える。

ＡＩアシスト機能は、常に私たちの傍らにいて、適切なタイミングで、的確なアドバイスを行う。そして、私たちの日常生活を様々な方法で支援する、このＡＩアシスト機能こそが、未来の人間と社会の新しいあり方に大きなインパクトをもたらすだろう。アマゾンは、アマゾンエコーによってＡＩアシスト機能を可能にする仕組みを提供し、しかも、それを「Alexa」や「Skill」といった自社の技術やサービスだけで完結させようとしている。まだ発展途上ではあるものの、市場のルールチェンジャーとしてのＡＩアシスト機能のモデル完成に向けて、アマゾンは先行者となる意図を明確に打ち出したと言えるだろう。

現段階では、「会話型インターフェース」を備えたスマートスピーカーは、音声で操作できるリモコン程度の利便性しか感じられないかもしれない。しかし、スマートスピーカーは、それを活用したビジネスを成立させる仕組みや、流通・購買・生活全般に影響を及ぼし、もっと根本的に社会を変えていくデバイスとなる可能性があるという点にこそ、注目する必要がある。スマートスピーカーを開発する企業がＡＩアシスト機能に関係するサービスを、今後どのように展開していくかは未知数だが、この新たなサービス・デザインの共通の土台となるのは、ＶＲＭ（Vendor Relationship Management 企業関係管理）というマーケティングモデルの応用、そして、私たち人間をもはや購買行動プロセスの起点とは見なさず、むしろ動機づけの客体として扱う新領域の設定である。特に後者は、これまでとはまったく異なる市場領域であり、ＡＩという「あたらしい技術」の飛躍的な高度化によって、初めてアプローチ可能になったものだと言える。

「会話型インターフェース」に注目すべき理由

このふたつの共通の土台について述べていく前に、まず、スマートスピーカーのような「会話型」の特徴は何か、ということを押さえておくことにしよう。

大手旅行会社が実施したある調査によると、旅行を申し込んだ客の約四割は店頭で行き先を決めており、事前に旅行先を決めて来店した場合でも、店頭で旅行会社の社員と会話を交わしているうちに行き先を変えることも珍しくないという。旅行先に限らず、保険の加入や証券取引においても、販売員との会話が、しばしば購入の大きな決め手となっている。このように、普段何気なく行っている会話という行為は、私たちが意思決定をするときに重要な役割を果たすことが少なくない。

現代のようなネット社会では、モノやサービスを購入するとき、私たちはまずネットの情報にあたってから、何を買うかを決定する。しかし、スペックを調べたり、口コミをチェックしたりするのは、情報量が多ければ多いほど、私たちを混乱させ、疲弊させることになる。時間もかかるし、適切なキーワードを入力したり情報の取捨選択や判断するための知識も必要だ。消費者にとっての負担は決して小さくないのである。

一方、「プロ」の販売員との会話は、曖昧な問いや不適切なキーワードであっても、会話のやりとりの中で販売員と消費者がそれらを修正・追加することにより、比較的短時間で目当ての情報にたどり着くことができる。いわば、会話を通して、情報を収集・整理しているのだ。アマゾンエコーやグーグルホームなどの会話型インターフェースに期待されているのは――現段階ではまったく不十分だが――このような会話の特性を活《い》かすことだ。それにより、消費者の利便性は大きく増すと予想される。

一方、ネット上にある情報の圧倒的多数は、画面という視覚情報だ。これまで、こうした視覚型インターフェースをいかに分かり易くするかが追求されてきたが、前提となるのは、消費者が「何をしたいか（モノを買う、欲しいモノを探す、情報を調べるなど）」という意志であり、いわば消費者が「意欲」することが必要となる。

ＡＩ関連技術が可能にする会話型インターフェースは、ユーザーの発話の中に含まれる語彙を分析することで、何に関する発話であるのかを確率的に割り出し、最も確率の高い候補をユーザーに返すことによって「会話」を成立させる。そして、抽象度の高い選択肢が並ぶ選択地平から、次第に具体性の高い選択肢が並ぶ選択地平へと「選択」を構造化していくプロセスを可能にし、ユーザーの抽象的な欲求を最も具体的な選択地平へと至る地点にと導いていく。

たとえば、「水分補給しませんか?」という会話型インターフェースからのアプローチがきっかけとなり、一連のやりとりを経て、ジュースを購入するという購買行動につながるというのが近未来のイメージだ。つまり、ユーザーが「ジュースを買いたい」という自分自身の意欲を明確に認識していない段階（意欲発生前の段階）が、会話型インターフェースでの会話によって、意欲を明確に認識した段階（意欲発生後の段階）へと移行するわけだ。ジュースを買いたいと意欲さえすれば、あとは具体的なオブジェクト（商品）を選ぶだけだ。意欲喚起、あるいは動機づけから具体的な行動へと導く、このようなプロセスを「オブジェクト化」と呼ぶなら、「オブジェクト化」以降は、コミュニケーションのデザインは従来の視覚型へと移行する。数ある商品の中から好みのものを選び出す作業では、一覧性や比較性といった特性を持つ視覚型の方が都合がいいからだ。要するに、「オブジェクト化」する地点は、抽象性と具体性の境界であると同時に、適用すべきインターフェースが会話型から視覚型へ切り替わる境界でもある。

会話型インターフェースは、ユーザーの意欲を前提とする視覚型インターフェースと異なり、そもそもの意欲を喚起する「意欲発生前の段階」でこそ、その優位性を発揮する。つまり、「会話」は単なる情報入手手段ではなく、意欲形成そのものに携わっていると言えるだろう。「意欲発生前の段階」はデジタル・コマース分野において未踏の新領域だ。しかし、今後は、ＡＩアシスト機能がユーザーの潜在的な意欲を引き出すレコメンドを行ったり、ユーザーに代わって購買活動を行ったりするなど、「意欲発生前の段階」に関わる技術が活発に開発されていくだろう。この「新領域」に関わる技術の開発が何を意味するのか、これから詳しく述べていきたい。

データ化される私たち

ＡＩアシスト機能は、一般的には「個人秘書」の役割を代替するものとしてイメージ・設計されている。iPhoneに搭載されているSiri（シリ）などがその典型だ。現在は、ユーザーの情報管理を支援する機能として、Ｗｅｂメール、予定表、アドレス帳、タスク、地図、Ｗｅｂ検索などの、メッセンジャープログラムやスマートフォンＯＳに実装されている別の機能と連携し、ユーザーの要望に応じて、最適な情報を取り出したり、情報を記録したりすることができる。

そして近年、ＡＩアシスト機能は有能な「個人秘書」からユーザーの意思決定を促したり、代替したりする「代理人」へとその役割を大きく転換させつつある。これには、ＩｏＴや大規模演算処理の高度化に伴い、ビッグデータの解析が比較的容易になったことが関係している。そして、そうした解析の基になっているのは、私たちが様々なところに残すライフログだ。

普段、意識することはないが、私たちの行動は常に追跡されている。お得なポイントカードや会員カードに登録したり、ネット上で何かのサービスを利用するときに提供した氏名・年齢・性別・住所等の個人情報はもちろん、どんなサイトをどれくらいの時間閲覧したか、どんなキーワードを検索したか、ＳＮＳであなたが何に「いいね！」をしたか、そして、何を買ったかの履歴はすべてデータ化されている。交通系ＩＣカードを使えばどこをどのように移動したかも分かるし、スマホの位置情報をオンにすればリアルタイムでスマホの持ち主の居場所が特定される。

そのデータはビッグデータとして集積・分析され、あなたの将来の購買行動に結びつく何らかの働きかけに使われるだろう。それは、サイトを閲覧するたびにポップアップするオンライン広告や自動的に送りつけられてくる広告メールのようなものかもしれないし、あなたが属する年齢や年収の一定層をターゲットにしたマーケティングに利用されるかもしれない。

現実問題として、今の世の中の仕組みは、サービスを利用したければ「個人情報の取扱いについて」と小さな文字で記載された条項に「同意する」以外の選択肢はないということになっている。だから、ほとんどの消費者は、自分が提供したデータがマーケティング等に利用されることに、いちいち異議を唱えたりはしない。

私たちの行動や嗜好《しこう》がデータ化され、それが企業の利益に結びついていることは、もはや既成事実と化している。こうしたパーソナルデータの利用については、プライバシー保護の観点から論じられることが多い。確かにプライバシーの保護は重要であり、データの流出や悪用についての対策はとられるべきだ。

しかし、真の問題はもっと別のところにある。そして、そのことにまだほとんどの人が気づいてはいない。

「おすすめ」を買わずにいられるか

私たちが買い物をすると、「どのような人が、いつ、どこで、何を買ったか」という履歴がデータとして記録される。ネットショッピングはもちろんのこと、町中での買い物にクレジットカードや各種ポイントカードを使うのであれば、あなたの買い物が購買履歴というデータとなることに変わりはない。

ショッピングサイトの「おすすめ」やポップアップ広告に表示されるのは、膨大なデータを基に「あなたにふさわしい」と導き出されたモノたちだ。それらを目の前にして、あなたは「欲しい」と思えば買うかもしれないし、「いらない」と思えば買わないでいることもできる。だが、あなたの購買履歴のデータが集積されていけばいくほど、「おすすめ」とあなたが「欲しい」と思うモノとの一致度は高くなっていくだろう。

真偽は定かでないが、アメリカで、アマゾンの「おすすめ」に従って本を買っていたら、本が部屋に入り切らないほど溢れてしまった……と、アマゾンにその責任を問う訴訟を起こしたという話がある。「バカだなあ、そんなになるまで買わなければよかったのに」と思うかもしれない。だが程度の差こそあれ、好みに合うものを「おすすめ」されてつい買ってしまうのは自然な行動とも言える。しかも、アマゾンがやっているような「おすすめ」はまだ素朴な段階のテクノロジーだ。私たちの購買意欲を刺激する「おすすめ」のテクニックは、今後もっと巧妙に、もっと精緻なものになっていくと予想される。

アマゾンの「おすすめ」は、分析系ＣＲＭ（Customer Relationship Management　顧客関係管理）と呼ばれるマーケティングの一種である。アマゾンは顧客の購入履歴を分析し、その人の嗜好に基づいて商品を「おすすめ」するわけだが、これは、消費者一人ひとりのニーズに沿った働きかけをすることでモノを売ろうとする手法であり、広告メールやパーソナライズされたオンライン広告などもこれに含まれる。近年のＡＩをはじめとするテクノロジーの進化により、顧客の嗜好を分析するためのデータマイニング（ビッグデータを分析し、有用なパターンやルールを取り出す技術）やテキストマイニング（文字列を対象としたデータマイニング）、映像分析が可能になり、ＣＲＭの範囲は急速に拡大した。私たちの周囲を見渡せば、ＣＲＭはいたるところで展開されていることに気づくだろう。

ＣＲＭの先にあるものとして最近注目されているのが、この章のはじめで述べたＶＲＭと呼ばれる市場モデルである。ＶＲＭは、二〇一二年に「Linux Journal」のシニア・エディターであるドク・サールズが『インテンション・エコノミー　顧客が支配する経済』で提唱した概念であるが、これが興味深いのは、ＣＲＭも含めたこれまでのマーケティングが企業側から顧客の関心を引き付けるための働きかけを行うのに対し、まず顧客の側から自らの関心を提示し（ＲＦＰ：Request for Proposal）、企業がそれにどう応じるかという、プロセスの逆転が見られる点だ。

ＶＲＭは、「こんなものが欲しい」「こういうことを知りたい」というこちら側からの問いかけに対し、「最適解」を教えてくれるようなサービス（市場モデル）である。その核となるのは「フォースパーティ（Fourth Party）」という概念であり、たとえばユーザーの要望に即してパーソナルＲＦＰ（提案依頼書）を代理作成し、様々な事業者に打診を行ったりするといった、いわばユーザーと事業者を仲介する役割を担う。具体的には、銀行や証券取引会社、弁護士といった職種が想起されるが、テクノロジーの分野では、iPhoneのSiriやマイクロソフトによって開発されたCortana（コルタナ）等のスマートスピーカーも同じ役割を果たすと期待されている。

現段階では、スマートスピーカーが提供するＡＩアシスト機能は、まだ発展途上だが、ＡＩアシスト機能が「フォースパーティ」として成立するまでに、おそらく、それほど長い時間はかからないだろう。その時、この分野で市場の勝者となった者は、かつての検索エンジンの覇権競争のときと同様に、莫大な利益を得ることになるはずだ。

私たちは「意欲」しなくなっている

どうやって消費者にモノを買わせるか、そのために顧客の関心をどう呼び起こすかという「購買行動プロセス」モデルの研究は、ずっと以前から行われてきた。よく知られてい

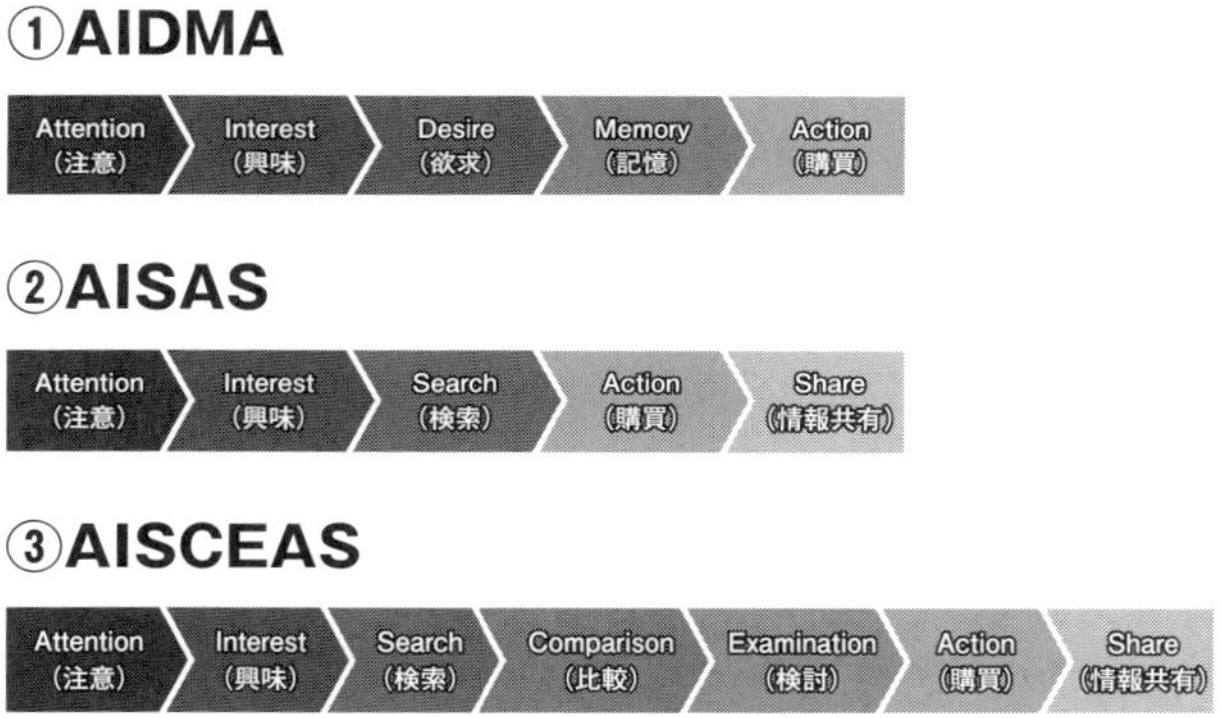

図2　購買行動プロセス

るのは、一九二〇年代にアメリカの応用心理学において、E・K・ストロングやサミュエル・ローランド・ホールらが提唱した、「認知段階（Attention）」、「感情段階（Interest, Desire, Memory）」、「行動段階（Action）」の三区分を基礎とした購買行動プロセスモデル（AIDMA）である（図2①）。これをさらに発展させたのは、消費者心理学の第一人者であるフィリップ・コトラーが普及させたモデルだ。①問題認識→②情報探索→③代替製品の評価→④購買決定→⑤購買後の行動、という五段階のプロセスが想定され、対象となる消費者が各段階のどこに位置づけられるか、またどの段階を強化すべきかといった、課題抽出の指標としても活用されてきた。

ＡＩＳＡＳ（前ページ図２②）やＡＩＳＣＥＡＳ（前ページ図２③）など、現在に至る後続モデルも含め、これらの基礎モデルは、消費者が「あるモノが必要だ」という明確な問題意識を持つことが消費者の購買行動のきっかけになるという前提を有する。つまり、主体はプロアクティブな（意欲する）消費者であり、企業側はそれに対するリアクティブ（応答）をいかに効率化するかを追求することになる。企業は消費者のAttention（注意）を引き付けようと、不特定多数に向けて大規模に広告を展開するなどの方法で、「この商品が素晴らしい」とアピールする。しかし、このやり方では広告の情報を受け取った消費者の中で、どれだけ対象となる商品に関心を持つかが分からないため、効率がいいとは言えない。

さらに、ネットの普及により、消費者行動に大きな変化が見られるようになった。かつての消費者は情報発信者側である企業の意向に従った商品を「従順に」選んでいたが、今ではネットで事前にリサーチをしたり、「口コミ」などを通じて消費者同士で情報共有をしたりするのは当たり前だ。消費者は企業側からの情報を一方的に受け取るのではなく、自分たちの特定のニーズを満たす製品にのみ関心を示すようになるという、「わがまま化」

が起こっている。一人ひとりの顧客のニーズに対応するＶＲＭは、そうした消費者の「わがまま化」を背景に広がったと言えるだろう。

しかし、現在の消費者は「わがまま化」のさらに先の段階に進みつつあることが、様々な調査から明らかになっている。

たとえば、二〇一五年にアクセンチュアが実施した「グローバル消費者調査二〇一五」によると、日本を含む先進諸国において、膨大な情報に日常的にさらされている消費者は、情報過多のためにむしろ効率的な選択が不可能になっており、「どれを選んでも大して変わりはない」という諦めのような感情を持っている。それにより、結果的に製品・サービス、またそれらを提供する企業への執着が薄れるという新たな心理が生まれているという。

実際、何かを買おうと思って、ネットで検索したり、店に足を運んだりしても、ごく細かな違いしかないし、似たような商品が並んでいるのはよくあることだ。多くの時間とエネルギーを費やして比較検討した挙句、「どれが良いのか分からない」「もう、何でもいい」となってしまい、結局、特に良いとは思っていない商品で妥協したり、あまりに面倒なので買い物自体をやめてしまったりする。これは、「葛藤下の選択理論」と呼ばれるもので、あまりに多くの選択肢があると、人々は選択することを先延ばしにしたり、選択そのものをやめたりするという心理状態だ。

つまり、情報とモノが溢れる中で過ごす私たちは、「わがまま化」を経て、どんな情報に対しても比較検討を放棄する「無関心化」に至っていると言えるだろう。何が欲しいということすら分からなくなりつつある私たちは、「意欲しない」消費者になってしまったようである。

消費者を「意欲させる」技術

消費者が「無関心化」すれば、「あるモノが必要だ」という「消費者の意欲」を前提とする従来の購買行動プロセスそのものが成立しなくなる。そこで、こうした「意欲しない」という消費者の新たな心理に対し、目下、ふたつの方向性が考えられている。

ひとつは、消費者の無関心化に寄り添いながら、購買そのものを代行するというアプローチだ。アマゾンの「定期便」などのサービスがこれに近いが、トイレットペーパーや洗剤など、日常的に使う消耗品がなくなる頃、新たに商品を選んだり注文したりしなくても、必要なモノがルーティンとして手元に届くという仕組みである。あるいは、毎月五万円など一定額を設定し、その範囲内でその人の好みに合った洋服を選んで届けるようなサービスもこれに当てはまるだろう。今後、ＡＩ関連技術がＩｏＴより得られた情報など、様々なパーソナルデータを判断材料として、クーリングオフができるという条件の下、私たちに代わって、自動的に生活必需品や嗜好品を購入するサービスは、ますます進化していくと思われる。

もうひとつの方向性は、消費者の意欲そのものを創造し、事後的に意欲の所在を消費者に確認させるというプロセスである。ビッグデータに集積された購買履歴を含めた行動履歴を分析し、消費者自身でさえ認識していない「欲しいモノ」を最もふさわしいタイミングで提示することで、「これが欲しい」ではなく、「そういえば、これ欲しかったんだよね」と思わせるのだ。

このプロセスにおいて、消費者は自分が「意欲」したからモノを買ったと思っているが、実際は「意欲」させられて買っていることに気づかない。なぜなら、パーソナルデータによって精緻に嗜好が分析されているため、「おすすめ」されて初めて「意欲」が生まれているにもかかわらず、「そうそう、自分はこれが欲しかったんだ」と、確定された「意欲」として感じてしまうからである。

サービス構造こそ違うものの、このふたつのアプローチは原理的に同じ前提を共有している。つまり、従来のモデルとは反対に、アクションを起こすのは「あるモノが必要だ」という意欲を持った消費者ではなく企業側なのだ。従来の購買行動プロセスが基本認識としてきた「意欲する」消費者という「主体」に対応する、リアクティブな企業という関係性は大きく揺らぎ、企業側のアクションに対して、消費者がリアクションするという「主体」と「客体」の転倒が起こる。ここにおいて、消費者はプロアクティブな「する」存在からリアクティブな「される」存在に置き換えられることになる。

主体性に関しては、たとえば、流行現象は消費者が「欲望」して生まれた消費行動なのか、あるいは市場の働きかけによって「欲望」させられた結果なのかをめぐって、消費社会論の中でも繰り返し検討されてきた。厳密に考えるならば、ビリヤードの玉で言う最初の白い玉がそれぞれの消費者の「自由意志」なのかどうかは、非常に微妙な問題である。私たちは社会の中に生まれてくるのであって、そこで様々な人々や出来事の影響を受けながら「自分」をかたちづくっていく。だから、そうした「社会的なるもの」からまったく独立に、自分や自由意志を持ち得るという考えはいささか現実離れしている。まさに生まれた場所を選択できなかったように、私たちは、何もかも主体的に選択できるわけではないのだ。しかしながら、「無関心化」し、「欲望」しなくなった消費者は、もはやビリヤードの最初の玉とはなり得ない。

「あなたのために」というメッセージ

消費者の関心・意欲を生み出す「意欲させる技術」は、あたかも自分の「欲望」がビリヤードの最初の玉であったかのように、追認させる工夫である。

具体的には、企業側からのアクションによって生じた結果を、消費者が「ああ、そうそう、これを求めていたんだ」と、自分自身が「意欲」したものとして受け入れるようにするためのメッセージングや方向づけである。

ただし、消費者が「生じた結果」をあたかも自分自身が意欲した結果だと「錯覚」させる手法は、道義的な問題をはらむ。

現在はCMに使うことが禁止されているサブリミナル効果は、特定のキーワードや画像などを紛れ込ませることで、消費者が無意識にそれらに関係するモノを選ばせるようにする。これは、まさに消費者が「意欲」していないモノを企業側の働きかけによって購買に結びつける手法だ。高齢者に何十万もする高額な布団を買わせるといったセールス商法の手口も、本当は欲しくないのに「欲しい」と「錯覚」させるという点で同様のものである。これらの例に見られるような、企業側の利得追求によって消費者側が一方的な不利益を被ることの弊害は、一九五〇年代末にジャーナリストのヴァンス・パッカードが『かくれた説得者』で警鐘を鳴らして以来、繰り返し指摘されてきた。

「無関心化」という消費者の新たな心理へのアプローチである「意欲させる」技術もまた、単に企業側の利得を追求するだけでは批判の対象になりかねない。それを避けるためには、企業側の利益追求ばかりではなく、あくまで消費者側の利得向上を目的としていかなければならない。つまり、「我々が儲《もう》かりたいからではなく、何よりあなたに必要だから、こういうモノ（サービス）を提供する」というスタンスが求められるのだ。

こうした「あなたのために」というスタンスは、企業側にとっては、消費者側に与えた影響を不当なものとされないための重要な要素でもある。先に挙げた「アマゾンの『おすすめ』のせいで本を買い過ぎた」という訴訟は、この部分が不足していたと言えるかもしれない。

あなたの「データ」は誰のものか

「意欲させる」技術を具体化するために欠かせないのが、行動履歴や購買履歴といったパーソナルデータである。

パーソナルデータは今や「新しい石油」とまで呼ばれ、デジタル時代の経済活動に必須のものと捉えられている。その際に求められるのは、一方的に企業が利得追求のためにデータを活用するのではなく、「消費者側の利得向上」という公正さだ。

「個人情報の取扱いについて」という条項に「同意」のクリックをしていても、消費者は実際は自分のデータがどこでどのように使われているかは本当には理解していない。しかし、元々は個人に付随するデータである以上、知的財産権のようなかたちで、どういう情報をどこに開示するかをデータの持ち主が決定したり、あるいは自分のデータを使うのであれば、その分の報酬を要求したりすることも可能だと言える。

そうした発想を基に、パーソナルデータを個人の「資産」と捉え、「情報銀行」のようなものをつくって集約的に利活用しようという動きがある。

たとえば、イギリスでは二〇一一年から「midata」というプロジェクトを政府主導で進めており、企業が消費者のデータを収集するのではなく、消費者が企業にパーソナルデータを提供し、許可された企業がそれを利用して行うサービスを受け取るというシステムの実証実験を行っている。また、ＥＵでもパーソナルデータの活用にあたっての個人の情報コントロール権の明確化や透明性、安全性などを確保するための法整備が進められている。

日本においても同様の動きとして、「パーソナルデータの利活用に関する制度改正大綱」が提言されるなど、パーソナルデータ活用の仕組みづくりの議論がされているところだ。方向性としては、消費者が自分のデータの提供先を設定する「情報銀行」とデータの運用を運用担当者に任せる「情報信託」の両方が模索されている。二〇一七年五月の改正個人情報保護法の施行は、パーソナルデータ活用を進めるひとつのステップであり、これにより個人が特定されない状態にデータを加工すれば、本人の同意無しにデータを外部に移譲し、ビッグデータとして利用できるようになった。

改正個人情報保護法では、新たに、個人識別符号という概念が導入されたが、これは、氏名、生年月日、その他の記述などに加え、いわゆる生体データなどの個人を識別可能な情報について定めたものだ。

具体的には、指紋、虹彩、声紋、ＤＮＡなどの調節的に個人を特定できるデータに加え、顔認証に用いられる顔の骨格や、挙動解析による歩行の様態などをデータ化したものまで含むとされる。これらの個人識別符号に関わるデータの取扱い方法は、個人はもちろんのこと、事業者にとってもリスク回避の観点から重要であり、パーソナルデータの利活用を後押しするものと言える。

もうひとつの重要な改正点は、パーソナルデータの利活用についてのルールが整備・強化されたことだ。ＰＤＳ（Personal Data Store）は諸個人が自身のパーソナルデータを預託し、これを運用することを目的とした機能概念である。今回の改正で、事業者が個人からデータを預かる際に必要な手続きや、個人の希望により第三者へ提供する際の枠組みについて一定のルールが示されたと言える。

　現在のところ、交通系ＩＣカードの使用で集積されていく行動履歴を保有するのは交通機関、クレジットカードによる買い物の購買履歴はカード会社が保有するなど、パーソナルデータはばらばらに集められた状態で利活用されており、データの持ち主の志向性を正確に分析できているとは言い難い。もし、断片化されているパーソナルデータを「情報銀行」に一元化できれば、消費者それぞれのトータルなパーソナルデータが集積されることになり、これまでの断片的な履歴では分からなかった、その人の志向性を把握し、分析することが可能になるはずだ。それにより、ばらばらに集められたデータを元に「おすすめ」されたモノが、本当にその人が求めているものとは違うといったズレは減少していくと考えられる。

　これまで、パーソナルデータの取得と利活用は、事業者優位の市場モデルの中でマーケティング活動の一環として理解され、パーソナルデータは企業の保有財産と見なされてきた。しかし、ＰＤＳが実現して以降は、パーソナルデータは諸個人が権利を有する「資産」となり、その売買も含め、個人が運用できるものになっていくことだろう。私たちは近い将来、自分の資産をどの銀行に預けるかを決めるように、パーソナルデータをどの「情報銀行」に集約させて利活用を任せるかを判断するようになるはずだ。大切な資産を運用する銀行同様、「情報銀行」も、「信用できるかどうか」は重要なポイントであり、「情報銀行」の「大手」となるのは、おそらくメジャーなポイントカードの運営会社や携帯キャリアのような、既に巨大なデータを保有している企業になると考えられる。

「意欲させる」技術と「洗脳」の違い

一方、「情報銀行」に集積された膨大なパーソナルデータを、その持ち主である個人が分析するのは不可能だ。そこで、持ち主に代わってデータを分析し、「こうしたモノがあると便利ですよ」「こういうサービスが必要でしょう」と提示する機能が必須となる。その際に不可欠なのは、前述したような「無関心」な消費者をいかに「意欲」させるかという工夫だ。

そのひとつとして有効だと考えられているのは、ビッグデータから再構成した消費者像と個人の購買・行動履歴のデータを比較するという手法である。従来、消費者には何らかの一貫した好みの傾向があると考えられてきたが、これは実は点描画を遠くから眺めるときに、ひとつの色のまとまりが見えているのと変わりない。実際には点描画がたくさんの色で描かれているように、リアルな消費者の好みの傾向は一貫しているわけではない。

そこで、まず、ビッグデータを個人単位のデータの集積と考えるのではなく、個々人のデータを様々に分解し、特定の観点に基づき、分解したデータを再構成することでデータ上の消費者像を把握する。そして、ターゲットとなる生身の消費者と、好みの傾向が類似しているデータ的に再構成した消費者像とを比較することにより、その生身の消費者が潜在的に有するおおよその好みの傾向性を推し量るのだ。

たとえば、午前一〇時の東京・青山を指定し、そこで集積された購買データを分析してみると、どのような商品が売れ、どのような商品が売れなかったのかはすぐに分かる。そして、それに基づいて、データ的に再構成した消費者像を見出《みいだ》し、ある生身の消費者の購買傾向と比較するとしよう。データ的に再構成した消費者像は購買しているが、その生身の消費者は買っていない「商品A」があった場合、「午前一〇時、東京・青山」で、その生身の消費者が「商品A」を買う可能性は非常に高いということになり、その商品を「おすすめ」すれば、かなりの確率でヒットすると考えられる。おそらくその消費者は、「ああ、これが欲しかったんだ」と感じるはずだ。

言ってみれば、「あなたのために」という善意に基づき、購買する可能性があったのに自分では気づいていなかったモノを、先回りして気づかせてあげたのだから、サブリミナル効果や布団の訪問販売などとは違い、消費者は洗脳されたわけではない。個人の潜在的な欲求を前提としているという点では、消費者の側は「おすすめ」される情報を能動的に引き受ける用意があると言える。こうした情報提供の仕方は、企業側が一方的に「おすすめ」する「プッシュ型」とは異なり、消費者自身が「おすすめ」された情報を自ら受け取りにいくという意味で、「プル型」と呼ばれる。

ここまでの話を図で表すと、次ページ図3のようになる。便宜的に、三角形③は、ある個人（仮に「Aさん」としよう）が、自覚の有無にかかわらず有している「選好（preference）」の総体を現しているとする。

ここで言う「選好」とは、ある個人が好んで選択するであろう可能性のことだ。だから、この三角形の内側にあるモノはAさんが好んで選択する蓋然性（確実の度合い）が非常に

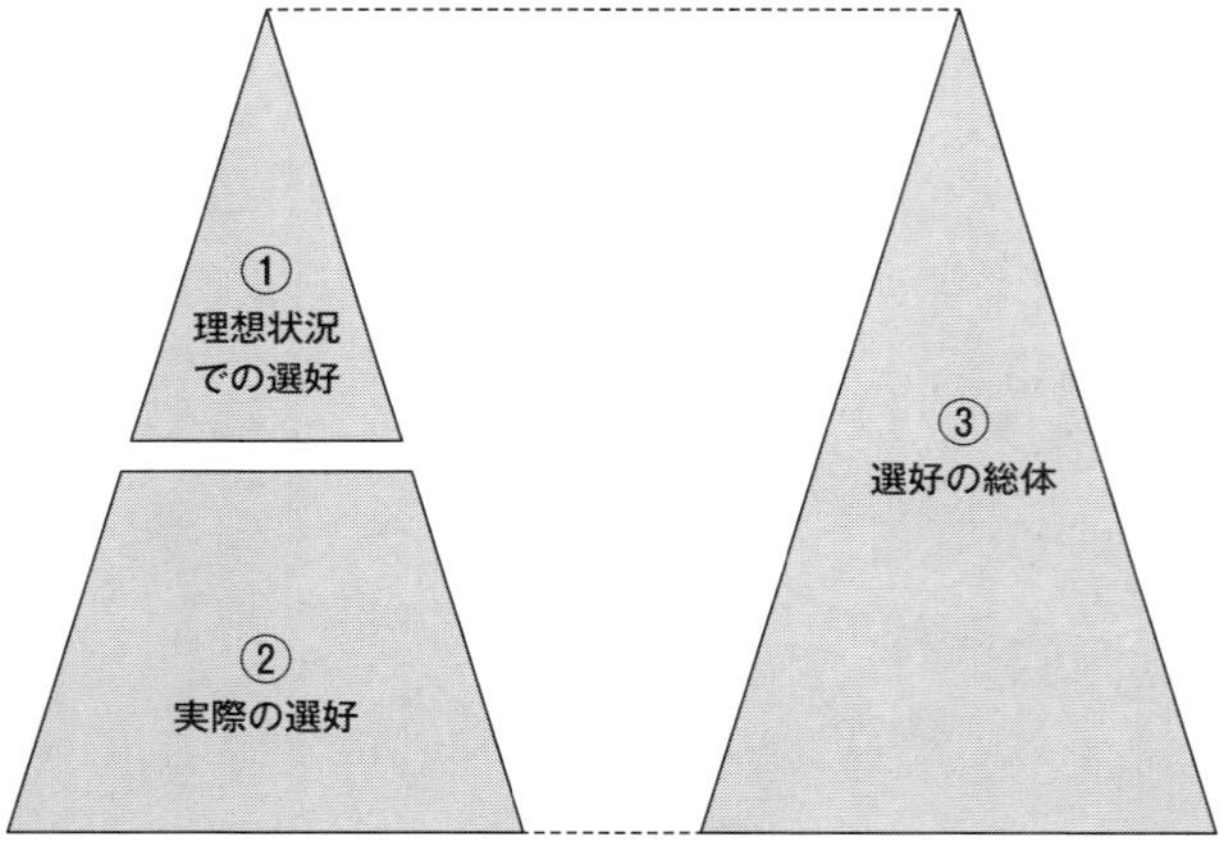

図３　個人の選考イメージ図

高い。この「選好」は、通常は、実際に選択された結果に関連付けられるので、たとえば、その人が「文学を好きだ」と言っていても、実際には漫画を読んでいるのであれば、その人の選好するのは漫画だと考えるわけだ。Aさんが「糖分を摂《と》り過ぎないよう、いつも気をつけている」と言っていても、買っているのがコーラばかりなら三角形の内側にあるのはコーラであり、選択されることがない健康茶は三角形の外側にあるということになる。

　左のふたつに分かれた三角形の台形にあたる②の部分は、Aさんが既に選択して明らかになっている「実際の選好（actual preference）」である。そして三角形の先端の①の部分は、知らないので選択されていないが情報を得ていれば選択するであろう「理想状況での選好（fully informed preference）」を現している。③と②を比較して、この①の部分にあたるものが何かを発見し、「おすすめ」することができれば三角形が綺麗《きれい》にできあがり、経済学で言うところの「選好の充足（preference satisfaction）」をさせることができるということになる。

しかし問題は、そもそも三角形の外側にあるモノは選ばれにくいということだ。再びコーラと健康茶を例に挙げるならば、Aさんは三角形の外側にある健康茶を「欲しい」と思いにくいため、Aさんが自ら健康茶を選択することはありそうもない。もしAさんがもう少し健康に気を遣う必要があり、本当はコーラばかりでなく健康茶を飲んだ方がいいのだとしても、「おすすめ」されるのは三角形の内側にあるコーラばかりであり、健康茶は「おすすめ」の選択肢にすら入らない。

コーラばかり飲み続けたら、Aさんはやがて何か健康上の問題に見舞われるかもしれない。三角形の内側にあるコーラの「おすすめ」は確かに「選好の充足」にはなるが、これで果たして真の「消費者の利得向上」になっていると言えるだろうか。

「フィルターバブル」という問題

「選好」は「フィルターバブル」と呼ばれる問題とも関係する。パーソナルデータの分析が細かくなればなるほど、データの持ち主が求めている情報ばかりが送られてくるようになる。その結果、三角形の内側にある好きなモノの情報は完璧に満たされるが、外側にあるモノはその存在すら意識に上がってこなくなってしまうだろう。

確かに充足はするが、それは自分が好む情報を自分の好きなようにしか受け取らない、いわばお釈迦《しやか》様の手のひらの上にいるような状態だ。たとえ「自分の価値観や好みではないものを知りたい」と思っても、「分かりました」と示されるのは、やはり三角形の内側から取り出された「最適解」でしかない。そして、あなたはそれに気づくことなく、そうやって示された情報を「三角形の外側にあるもの」として受け取るのである。

一九九九年に公開された『マトリックス』というSF映画シリーズの中で、キアヌ・リーヴス演じる主人公の「ネオ」は超未来の世界に生きている。その世界の中では人間は生体電池としてコンピュータのエネルギー源となっており、彼らが「現実」と思っているのはコンピュータによってつくられた「仮想現実」だ。「仮想現実」から目覚めた「ネオ」は、自分たちを支配するコンピュータへの戦いを挑み、同志たちから「救世主」と見なされる。ここから先はネタバレになるが、戦っていくうちに、実は彼の存在自体が何人目かの「ネオ」であり、システムが自分でバージョンアップしていくために生み出されたバグだった、というショッキングな事実が、システムの「設計者」によって明かされる。システムの内側でしか生きられない「ネオ」は、フィルターバブルによって三角形の内側の世界にしか生きられない私たちを予見する存在だったと言えるだろう。

「フィルターバブル」は、いわば「魔術師の選択」だ。手品師が「どれでも好きな一枚をどうぞ」とカードを引かせたとする。好きなものを選んだつもりなのに、結果はみんな同じところに行き着くようになっているという仕掛けだ。

私たちは「フィルターバブル」の中で、それとは意識せずに「魔術師の選択」をしていくことになるだろう。ひとつひとつを自分の意志で自由に選択したつもりでも、実際はパーソナルデータを分析して設計された中で既に「選ばれるカード」は決まっているのだ。「意欲させる」技術は、洗脳とは言えなくても、それによってある選択肢へと誘導されていく可能性を否定できない。

本当の「消費者の利得」とは

今後、パーソナルデータの分析精度が高まれば高まるほど、三角形は完全に近いかたちで充足されていくだろう。たとえば、SNSの投稿内容からその人の嗜好を分析し、それに適合する本をおすすめするというマッチング・サービスを近畿大学が始めている。これは、アマゾンが「購買履歴」という限られたデータから、それに類似した「おすすめ」を抽出しているのと違い、まさに選好構造を分析して、それを充足させるためのものだ。

このような嗜好分析を基に選好構造を充足させるサービスは、さらなる広がりを見せていくはずだ。「プロの視点」を演出し、パーソナルデータから「あなたにふさわしいのはこれ」とプライオリティをつけて「おすすめ」する手法もそのひとつである。実際にはそこに上がっていない他のものと大きな違いはないとしても、情報を受け取る側は「自分のために特別に選んでくれた」と感じて、その商品を選ぶ確率はぐっと高まるだろう。もう面倒だから「あなたにはこれです」と誰かに決めて欲しいという消費者心理に対応するこうしたコミュニケーションは加速し、消費者は「あなたのために」特別に選ばれたピンポイントの情報だけに接することを心地よいと思うようになる。

そして、そのように「選好の充足」が進めば進むほど、消費者は自分自身で選ばなくても満たされることに慣れ、ますます「意欲」を失い、「無関心化」が強まっていく。そうなれば、消費者の関心はごく限られた範囲に留《とど》まり、三角形そのものの大きさは当然、縮小の一途をたどるしかない。

つまり、市場にとっては、消費者の選好の幅をいかに広げ、三角形を大きくしていくか、ということが重要になってくる。「意欲しない」消費者の三角形を大きくするためには、さらにその消費者の心理の奥深くに迫り、潜在的な関心があるのにまだ知らないモノを見つけなければならない。「本当は、あなたはこういうものが欲しかったんでしょう?」と三角形の外側にあるモノを「おすすめ」し、「そうだ、自分はこれが欲しかったんだ」と思わせようと、一層のパーソナルデータの収集・分析が進められていくはずだ。

この時考えられる手法としては、三角形の外側にあるモノを「あなたは誤解しているけれど、これはあなたが欲しいと思っているモノと一緒なんですよ」と、さも内側にあるかのように思わせたり、あるいは三角形そのものを拡張したりすることだろう。

三角形の外側にあるモノに対しては、そもそも潜在的な欲求が前提にないので、「おすすめ」されても受け入れられるとは限らない。そこで、情報提供の仕方は「プッシュ型」、押し込むようなかたちで行われる。

しかし実際にこうした「プッシュ型」の情報提供を行うにあたっては、本来その人が欲求していないものを「欲求させる」という点で、やはり倫理的な問題をはらむ。

IoTによって、ウェアラブルデバイスが常時計測する個人の健康データがクラウド上で自動販売機とつながるようになれば、何度コーラのボタンを押しても、「健康のためにはこのお茶がおすすめです」と、三角形の外側にあるはずのお茶が出てくるようになるかもしれない。その人の健康状態を良くするという意味では、これは個人の利得向上になっていると言える。しかし、どれだけコーラが飲みたくてもお茶しか出てこないというのでは、「あなたはこうすべきだ」と「コーラを飲みたい自由」を侵害される、一種の超管理社会とも考えられる。

一方で、医師に「あなたはコーラを飲んではいけない」と言われ、あなたがそれに従ってお茶を買おうとボタンを押しても、「それでも、あなたはコーラを飲みたいんでしょう?」とコーラが出てくる、という逆のパターンもあり得る。確かに、「コーラを飲む自由」は確保されているが、健康には悪影響があるかもしれない。いったいどちらが個人の利得を増大させるのか、判断することは非常に難しい。

「意欲させる」技術の政治への応用

今後、当の本人すら気づかない選好構造がパーソナルデータの精緻な分析によってプロファイルされ、マーケティングに活用されることが一般的になっていくだろう。この「意欲させる」技術は、購買行動に結びつけられるだけでなく、他の分野にも応用され、社会を動かしていくはずだ。

たとえば、この技術を使うことで有権者の投票行動に大きな影響を及ぼすことができる。アーカンザス大学で心理学を教えるスコット・アイデルマンらの研究によれば、その人が元々持っている政治的性向とは関係なく、気分の落ち込みや酩酊《めいてい》状態、あるいは時間の圧迫など、ストレス値の高い状態に置かれると全体的に保守化することが明らかになっている。ケンブリッジ大学で社会心理学や認知科学を教えるシモン・シュナールらの研究でも、悪臭などの不快な経験が道徳判断に影響することが確かめられている。つまり、快適な環境でリラックスしているときと不快な環境に置かれストレスを感じているときとでは、同じ人物でも投票行動に変化が起こる可能性が高いということだ。

ウェアラブルデバイスがＩｏＴでネットにつながっていれば、計測されている脈拍数の変化によって、その人がストレスを感じているのかどうかは、瞬時にデータとして把握することができるようになるだろう。強いストレスを感じているときに保守的な政治メッセージが伝達されたとしたら、その人の政治的傾向が保守であろうとリベラルであろうと、そのメッセージに共感する確率は高くなる。

実際、アメリカではニュースをユーザーの政治的嗜好に合わせて加工して配信したり、リベラルならリベラル、保守なら保守の感情に訴え易いフレーズを使って政策を訴えたりするようなことが既に起こっている。「BuzzFeed News」の取材によると、アメリカ・フロリダ州にある「アメリカン・ニュースＬＬＣ」という会社が、リベラル、保守それぞれに偏ったニュースサイトに合うよう、同じニュースを加工して流していたことが分かった。

たとえば、トランプ大統領がコンウェイ大統領顧問にテレビ出演を控えさせたというニュースは、リベラルのサイトでは「ホワイトハウスはついにケリーアン・コンウェイをお払い箱に。うれしいですか?」、保守のサイトでは「ホワイトハウスがなんとコンウェイをお払い箱に。怒る準備をせよ」という、まったく違った印象の見出しになっている。狙いは、SNSを通じて記事を拡散させ、広告収入を得ることだ。このような報道のあり方が、ストレス値を測定するセンシング技術と連動すれば、私たちが気づかないうちに、私たちの政治性向や投票行動に大きな影響力を行使するようになるだろう。この可能性は、アメリカの法学者のジョナサン・ジットレインが、特定の有権者に特定のメッセージを発信する「デジタル・ゲリマンダリング」によって、国民の政治選択が操作される恐れを指摘したこと以上に憂慮されるものだ。

こうした状況は、アメリカに限らないと考えた方がいい。いずれにしても、マーケティング以外の分野でも、計算され尽くしたタイミングで、ある傾向のメッセージを選ぶように働きかけられるようになるだろう。にもかかわらず、私たちは「自分でそのメッセージを選択した」と追認してしまうのだ。

さらに、政治における「意欲させる」技術は、マーケティングの分野以上に問題をはらんでいる。

近年の右傾化やポピュリズムが示すように、ごく限られた範囲にしか関心を示さない「無関心化」は政治的傾向においても顕著である。保守は保守のニュースサイトしか閲覧しないし、リベラルはリベラルのニュースサイトばかりチェックしている。フェイスブックで自分と同じような嗜好を持つ「友達」が「いいね！」を押した情報ばかりに接していれば、自分の「三角形」の外側にあるニュースは「フェイク」と決めつけられがちだ。

それでは多様性に欠けるとして、極小化した三角形の総体を大きくしようと、三角形の外側に関心を持たせる働きかけが行われるとする。しかし、「自分はリベラル（あるいは保守）になんてなりたくない」と思っている人を「もっとリベラル（あるいは保守）化する」ことは、果たして「正しい」ことなのだろうか。

私たちの生きる現代社会の重要な部分は、価値の多元性を否定しないということだ。リベラリズムであれ、保守主義であれ、無政府主義であれ、どのような政治思想に肩入れしても、あるいは神の実在や生まれ変わりを信じていても、地動説を支持していても、そうした思想信条や価値観を持っているということで罰せられたりはしない。しかし他方で、私たちみんなに関わる事柄に関しては、個別的な善の観点を離れて、正義の観点に立つことが求められる。しかし、この善と正義のバランスをとるのは実に難しい問題なのだ。

たとえば、アメリカでは、キリスト教原理主義の家庭で育てられた子どもたちをどう教育するか、ということが問題になっている。彼らは、聖書に書かれているように「神様が人間を創った」と信じ込んでおり、親たちは「学校で進化論を教えるな」などと訴訟を起こしたりしている。そうした子どもたちの価値観に多様性を持たせるには、情報を「プッシュ型」で押し込む教育が必要だ。しかし、キリスト教原理主義の価値観が彼らのアイデンティティの一部であるとしたら、「プッシュ」して彼らの三角形を拡張させることで、一種のアイデンティティ・クライシスを起こしてしまうかもしれない。

多様性のない社会は望ましくないが、かといって、その人が望んでいないことを本人にも分からないようなかたちで意識の中に滑り込ませていくことが「個人の利得」になるのかどうか。一歩間違えば、「意欲させる技術」はマインドコントロールという、非常に危険な領域に入り込む。

技術への依存と人間の存在意義

様々な用途で利用されるあなたのパーソナルデータは分析されて、あなた自身すら知らないことも含めた「これがあなたです」というイメージがかたちづくられる。それは一種のラベルのようなものだ。

そのラベルに沿って、あなたがわざわざ選ばなくても「あなたにふさわしいモノはこれですよ」と教えられ、あなたは膨大な情報を検索したり、比較検討して決定したりする面倒から逃れられる。それは、単に消費行動だけでなく、政治も含めた生活の多くの分野で同様のことが起こるだろう。しかも、すべて「あなたのために」というメッセージと共に。

社会の仕組みがあなたに対してそんなふうに便利で効率的、かつ快適な状態を提供するとき、あなたは、それに抗《あらが》って「自分のことは自分で決めさせてくれ」と思うことができるだろうか。「自分で決める」ための時間も資金も限られている中、「そうは言っても、こんなに便利なのだから……」と受け入れる方が楽だし、サービスが巧妙になっていけばいくほど、そもそも、あなたは「意欲させられている」という違和感すら持つこともなくなっていく。

自分が望まないことを「意欲」させられないように「情報リテラシーを身につけましょう」と言われることもあるが、どれだけ〝リテラシー〟があっても、結局のところ、溢れる情報からベストの選択をすることは困難だし、そもそも個人でデータ解析や流通に関わる最新テクノロジーをフォローしたり、膨大なデータを管理したりすることは現実的に無理である。

〝リテラシー〟を持つことは無意味とは言わないが、それだけでは何の対策にもならない。「意欲させる」技術を拒否したくても、あなたのログが記録され、それがデータとして集積し、分析し尽くされていくという社会の流れを避けられないのだとすれば、考えるべきなのは、人間と技術の関係のあり方をどうするか、ということのはずだ。

何もかも先回りしてサポートしてくれる「意欲させる」技術は、マーケティングと結びつくことにより、消費者を積極的に依存させようとする。なぜなら、市場にとっては、依存することで消費者がこのサービスから離れられないという状態が望ましいからだ。「意欲させる」技術は、たとえこちらが離れようとしても「あなたのために」と、どこまでも寄り添ってくる。

　スマホで既にそうした依存が起こっているように「これがなければ生きられない」ところまで依存が進んでいけば、消費者は「意欲させられている」ことを意識しないまま、自ら選ぶ主体性を失っていく。確かに便利で快適だが、それが幸せであるとは限らない。「あなたのために」という善意に基づくサービスへの依存がなぜ問題なのか。なぜ便利で快適な環境に浸っていてはいけないのか。次章以降で、その理由を解き明かしていくことにしよう。

第二章　それでも、つながらずにはいられない

ポイントカードへの違和感の正体

自分のライフログを追跡されたり、知らない間にパーソナルデータを利用されたりするのは、何だか気味が悪い。第一章を読んで、そう思った人もいるかもしれない。

一種の防御策として、たとえばTポイントカードのように、提携先が非常に広範囲にわたり、どこで誰がどのように自分の情報を利用しているのか分からないポイントカードを使うのをやめてしまう人もいる。もちろん、カードを使うことで得られるポイントやサービスは諦めなければならないが（そもそも、ただカードを提示するだけで貯《た》めることができるポイントに、パーソナルデータを提供するだけの価値が本当にあるものなのかは大いに疑問だ）、少なくともログを取られることへの不安はなくなる。

ポイントカードを使わないことが本当に「防御策」になっているかどうかはさておき、なぜパーソナルデータを取られることに違和感を覚えるのか、その理由は大きく分けてふたつあると考えられる。

ひとつは、プライバシーを侵害されるのが嫌だから、そしてもうひとつは、単なるデータとして自分のことを扱って欲しくない、という感覚だ。

しかし、「プライバシーを侵害されている」と感じる人が思うほどには、ポイントカードはカードの持ち主のことなどまったく興味がない。世の中に多大な影響力を持つセレブでもない限り、わざわざコストをかけてまで一般人のログをつぶさにウォッチするのは無意味だからである。カードの持ち主のパーソナルデータは、匿名化された「何歳、男性（女性）」といった単なる記号であり、ビッグデータの一部の構成要素としてしか意味を持たない。

一方、「データとして自分を扱って欲しくない」という発想は、逆に「生身の自分をちゃんと見て欲しい」という感覚からくるものだろう。そして、正反対のことを言っているようでいながら、「プライバシーを侵害されている」という人も、「データとして扱ってほしくない」という人のどちらも、根底にあるのは自分の与り知らぬところで一方的にラベリングされることへの気持ち悪さだ。それは、「データから分析された『私』とは違う、本当の『私』を理解して欲しい」という自己承認欲求の現れと言える。

「どこでどう自分の情報が使われているか分からないから、ポイントカードを使いたくない」と考える人でも、SNSで「今、○○で誰々と一緒です」「明日から△△に旅行します」など、非常にプライベートな情報を、しかも写真付きで発信することは平気だったりする。それこそ「ライフログが追跡されている」のはSNSも同じはずであり、ポイントカードを使わなくても、結局、ログは取られてしまう。それでも、SNSへの書き込みをやめようとしないのは、そこが自己承認欲求を満たす場となっているからだろう。しかし、相手と直接対面せず、しかも、しばしば自己演出されるSNS上で「本当の私」はどこまで理解されるものなのだろうか。

「本当の私」が理解される社会とは

単なるデータではない「生身の、本当の私」を分かってもらえるアナログなコミュニケーションは、かつては伝統や慣習が規範とされるような、ごく狭いコミュニティーの人間関係において営まれてきた。ドイツの社会学者ニクラス・ルーマンが言うところの「人格信頼」、つまり人格と人格との関係で成立する社会である。

こうした社会の中で、社会的役割や生活様式を通じて自然と身についた人々の共通した性格を、アメリカの社会学者デイヴィッド・リースマンは、その著書『孤独な群衆』で「伝統指向型」と名付けた。代々その土地で暮らしてきた人々は同じ伝統を共有し、互いが互いのことをよく知っており、信頼関係が構築されている。しかし一方では、コミュニティーの外の第三者とはなかなかコミュニケーションをとろうとはしない。

社会学では、こうした社会を「流動性が低い」と表現するが、言い方を変えれば、要するに閉鎖的なムラ社会である。横溝正史の『八つ墓村』のように、何世代も続く村人たちで構成されたムラの中では、誰が何をしているかが全部知られているという、プライバシーがほとんどない状態だ。アナログなコミュニケーションを突き詰めていくと、「自分のすることが常に見られている」という息苦しさにつながっていく。

アナログからデジタル、デジタルからデジタル／アナログへ

しかし、近代に入って、重工業の発展に伴い、農民がムラ社会から出て都会に出稼ぎに行く「流動性が高い」労働社会になると、人々は様々な地域からやってきた見知らぬ者同士の社会で生きていかなくてはならなくなる。そこにおいては、伝統は必ずしも共有され

ていないため、ムラ社会でのように伝統的な価値観に従っていればコミュニケーションがうまくいくわけではない。そうなれば、行動の指針は自分自身に求めなければならなくなる。リースマンの主張を翻案すれば、「自分のことは自分で考える」という近代的個人の原型（内部指向型）が生まれてきたことによって初めて、「互いのプライバシーを侵さない」という関係性が生まれてくる、と言えるだろう。

都市化が進んだ近代社会における典型的な態度を、アメリカの社会学者アーヴィング・ゴッフマンは「世間的無関心」と呼んだが、それはたとえば、電車の中で互いにじろじろ見ないとか、エレベーターに乗り合わせても皆ドアの方を向いているといった行動に現れる。つまり「私はあなたに関心を持っていませんよ」というアピールであり、「あなたのプライバシーを侵すつもりはないので、私のプライバシーも侵さないでくださいね」という暗黙の意思表示だ。都会に特有のこうした行動は、互いが互いに干渉しない世界をつくり上げていく。

ルーマンの言葉を借りれば、社会の規模が大きくなるにつれて、人々は「人格信頼」よりも「システム信頼」に基づいて行為するようになる。たとえば、私が大学の大教室で何百人もの学生を教えることができるのは、大学という組織の中で「教師」「学生」というそれぞれの役割関係が成立するシステムへの信頼があるからである。「教師」は学問を教え、「学生」は学ぶという役割をそれぞれ持っており、その役割に従って行動する。そこにおいて交わされるのは、アナログの個人的な信頼関係ではない。学生は個々の人格ではなく、学籍番号という記号で把握されるわけだが、こうした非人格的な関係、とりわけ入れ替え可能で情報として記号化されているような関係性を、アナログに対比させて、ここではデジタルな関係と呼んでおこう。

ところで、労働社会がさらに発展し、生産から消費へと経済活動の中心が移行していくと、基幹産業はサービス業へと変化していく。そこで欠かせないのは、「お客様が何を考えているか」を先回りして知ることだ。「空気を読む」「忖度《そんたく》する」「便宜をはかる」「ご意向をうかがう」といった一連の言葉はすべて、行動の指針はもはや近代的な内部指向型の世界観にはなく、他者指向型になったということを示す。

アメリカの社会学者ジョージ・リッツァが『マクドナルド化する社会』で論じたように、現代の接客では、サービス従事者と顧客との間に、いかにも親密な「人格信頼」があるように感じさせなければならない。「一流」と賞賛されるサービスは、一年ぶりに訪れた顧客に対しても、リクエストされる前に「お客様のお好きな○○をご用意しておきました」と差し出すような「おもてなし」だ。顧客のプライベートな情報を熟知していなければ不可能なサービスと言えるが、それは、個人的信頼関係に基づくアナログなコミュニケーションではなく、あくまでデータベースというデジタルなコミュニケーションである。

つまり、いかにもアナログ的に「あなたのことはよく知っていますよ」と見せながらも、その基盤となっているのは、あくまでデジタルなのだ。伝統的なムラ社会の濃密なアナログ・コミュニケーションが、近代に入ってデジタル化し、それがさらに時代が進み、まるでデジタル上でアナログ再生するかのようなコミュニケーション（デジタル／アナログ）が行われるようになったと言えるだろう。

デジタルなコミュニケーションでは満足できない

誰もが記号として管理されるデジタルな世界観の中にあって、「本当の自分を分かって欲しい」という自己承認欲求がどんどん高まっている。だからこそ、単なるデータとして扱われるのではなく、「○○様は、これがお好きでしたよね」と個別の人格として自分を認められることが大きな喜びとなるのだ。匿名でいることは対人関係の負荷を下げるが、それでも、実名で登録するフェイスブックが匿名可能なツイッターより人気があるのは、「私」として扱われたいという欲求の現れと言えるかもしれない。

あえてデジタル上でアナログを再生するような面倒なことが必要になるのは、そうした自己承認欲求を満たすというニーズに応えることが、競争的な市場を生き残るための付加価値になるからだ。現代のような成熟した消費社会において、単にデジタルなコミュニケーションをしているだけでは消費者の心は動かせない。しかし、実際はデータとして扱われているにもかかわらず、「私はあなたのことをよく分かっています」というアナログなコミュニケーションを演出されると、感情的に寄り添われたという心地よさを感じて、それを受け入れてしまう。まさに、「感情で釣られる」のだ。いわば「ひとめぼれ」のようなかたちで生まれる「感情」による選択は、私たちの目的や価値観に関わりなく、特定の対象との特別なつながりを成立させることが鍵となる。

こうしたデジタル／アナログの技術は、今はまだ発展途上にある。たとえば、商品を買うと「ありがとうございました」と声が出てくる自販機などは、初期段階のデジタル／アナログだが、これは一歩間違うとわざとらしさが強調され、かえって逆効果になる。ライフログを分析してポップアップするネット広告が敬遠されるのも、アナログ部分での演出が未熟で、売ろうとする意図があからさまに透けて見えるからだろう。

だが、今後、デジタル／アナログの技術が洗練されていったとき、問われるのは、私たちが価値をおいてきたアナログ的な関係とはいったい何を意味するのか、ということだ。

アイドルという究極のデジタル／アナログ

さらにデジタル／アナログ関係について掘り下げるために、分かり易い例として、アイドルとファンの関係を考察してみよう。

現代のアイドルが「売れる」ためには、一人ひとりのファンとアナログな関係を結んでいるかのような演出が必要だ。もちろん実際は、業界のルールというシステム信頼を基盤としているのだが、もし握手会でルール通りの、いわばデジタルな態度に終始したら、その途端に「塩対応」と言われてしまう。逆に、「神対応」とされるのは、「わあ、〇〇さん、来てくれたんですね！」などと、わずか一〇秒足らずの間に「あなたとの関係を固有なものとして認識していますよ」と、一人ひとりのファンに向けてアピールするような姿勢だ。人気のあるアイドルは皆、こうした戦略トークを見事に駆使している。

しかし、アイドルとファンは実際のところデジタル／アナログ（疑似アナログ）の関係にあるので、システムによって成り立つ部分が存在する。それは、そのアイドルに使った金額が多ければ多いほど、ファンは「自分はこんなにお金を使ったのだから、（そのアイドルにとって）より特別な存在になれるはずだ」と息巻くような感覚だ。こうした感覚に陥ると、当然のように「見返り」を求めてしまうことになるが、その根底にあるのは、等価交換、あるいは互酬性の原理に基づくようなビジネスの論理に他ならない。

けれども、「お金をたくさん使った自分が特別な存在になれないはずがない」というのは、ファンが一方的にそう思い込んでいるだけで、単なる身勝手な感覚だ。当たり前のことだが、純粋な意味での人格信頼では、こちらが何を、どれほど一所懸命やったとしても、相手が自分を愛してくれるかどうかは分からない。本来なら、どれだけお金を使おうとも、それが人格信頼のプライオリティをコントロールすることはできないはずだが、アイドルの「疑似アナログ」が洗練されればされるほど、ファンはしばしば、それがデジタル（システム）を前提としていることを忘れ、アナログ的に、自分は特別であると勘違いしてしまう。

りりぽんの「結婚宣言」が明らかにしたこと

私との共著も出している「りりぽん」ことNMB48の須藤凜々花《りりか》さんが二〇一七年のAKB総選挙で「結婚宣言」したときの周囲の反応は、まさにアイドルというデジタル／アナログの矛盾が噴き出したものだった。

「一所懸命応援していたのに、恋愛していたなんて、裏切られた！」と憤るファンもいれば、「りりぽんがすることなら、何でも応援し続ける！」というエールも見られた。しかし、どちらにも共通していたのは、りりぽんと自分との間でアナログな人格信頼が結ばれていた、という錯覚である。

りりぽんが本当に人格信頼を結んだのは、ファンではなく恋人である。そもそも、人格信頼とは、「その人」との間に愛や連帯の承認関係を築くことであり、それは翻って「その人」以外の人たちとの間に境界線を引くことでもある。つまり、かけがえのない「その人」と、入れ替え可能な「その他大勢」が、はっきりと区別されるのだ。

ファンは、アイドルにアナログなコミュニケーションを求める。アイドルがマニュアル通りに振る舞えば、ファンから「ちゃんと俺を見ろ！」と言われるので、ファンの支持を得るために、アイドルは一人ひとりのファンと人格信頼を結んでいるかのような態度をとる。だが、実際に何万人、何十万人といるファンとそれぞれ個別の関係を結ぶことなど、できるはずがない。そして、本当に誰かと人格信頼を築くと、今度は「ルール違反だ」と、マニュアル通りに振る舞わなかったことが非難されてしまう。

LINE外しという「村八分」

アイドルのファンたちがしばしば勘違いしてしまうように、デジタル／アナログの世界では、疑似アナログに過ぎないものを本当のアナログだと錯覚してしまいがちだ。それだけデジタルのテクノロジーが進化したとも言えるが、そうした錯覚によって生まれるのは、アナログな世界観のリバイバルとも言える現象である。ＬＩＮＥ外しという村八分などは、デジタルで再生されたアナログの八つ墓村的現象と言えるだろう。

デジタル・ネイティブと呼ばれる世代ほど、デジタルの世界でアナログなつながりを求めようとするが、実際、デジタル／アナログの世界では、SNSでいくらでも人とつながることができる。しかし、どれだけ大勢の人とつながっていても、それは、あらかじめ決められた枠組みの内側におさまる、狭いコミュニティーの中での関係に過ぎない。ユーザーの嗜好を分析して、その人に近い志向性を持つ人たちを自動で友達登録するサービスなどは、いわばネット上の囲い込みであり、その囲いの中で無限増殖的につながった「友達」から、その人の世界を広げるような出会いはあまり期待できないだろう。

一方、SNSでは、「嫌だ」と思う人はすぐブロックしたりミュートしたりできる。健全な人間関係を築くためには、「相手にどこまでなら近づいても大丈夫か」という微妙な距離感を試行錯誤しながら学んでいくことが必要だが、面倒になればすぐに相手を「切れる」SNSの世界では、トライ・アンド・エラーのエラーの機会すらなく、いつまで経《た》っても適切な距離を学ぶことができない。だから、立場の違いに配慮し合ったり、文脈を吟味したりすること無しに、コミュニケーションは往々にして一方的な主張や理解の応酬になるか、さもなければ、自己演出の手段に成り下がってしまう。

つながればつながるほど自尊心は傷つく

ＳＮＳによって、現実世界ではあり得ないほど多数の人々とつながることが可能になった。若者たちの間では、何千人も「友達」や「フォロワー」がいることが珍しくないが、そのように大勢の人々と「つながる」ことが、社会的な地位上昇や機会獲得のために必要とされ、その人を評価する基準となっていく。典型的なのは、経済学者の内田義彦が言うところの「パーリア力作型」に分類される人々だろう。つまり、個々の関係を大事にするというより、出世のために使える人間は使い、使えなくなると義理も人情も関係なく捨てるなど、次から次へと使える人間を利用して出世を目指すタイプを指す。「意識高い系」として括《くく》られる人たちは、しばしば、こうしたタイプと重なる。近年、「パーリア力作型」タイプが目立つようになったのは、デジタルの進化により、コネクションを活用してのし上がっていくためのハードルが限りなく低くなったからかもしれない。

一方で、多くの人とつながればつながるほど、自分を他人と比較せざるを得ない機会も増えていく。モデルやタレントのインスタグラムが典型的だが、一見さらけ出されているような「プライベートな私」は「そう見て欲しい」という加工された虚像である。SNSでは、「そうありたい自分」を自己演出することができるものの、演出した自分の虚構は自分が一番よく分かっている。SNSで他人のキラキラした日常（それもまた自己演出されている可能性が高いのだが）を目にするたび、「あの人に比べて自分は……」と落ち込んでしまい、そうした自尊心の低さを埋め合わせようと、より「盛った自分」をSNSで装うことになる。しかし、SNS上で輝いている自分と本当の自分とのギャップが開けば開くほど、自尊心は傷つけられてしまうのだ。

トランプ現象というデジタル／アナログ

デジタル上でアナログを巧妙に再生すればするほど、人々の感覚はアナログに回帰していく。アナログの特徴のひとつに「自分（とその仲間）」と「その他」との間に境界線を引くということがあるが、これは、デジタルな近代社会における「私たち」という、広く浅い抽象的関係と対立するものだ。その意味で、トランプ大統領を誕生させたアメリカ国内の分断は示唆に富む現象である。

トランプ氏を支持する層は、「自分たち白人」と「それ以外（黒人やヒスパニック、移民などを含む）」をはっきりと線引きし、「奴らは我々と同じアメリカ人ではない」と考え、「周囲には経済的に困窮している人たちがたくさんいるのに、なぜ見ず知らずの移民を助けなければいけないのか」と異議申し立てをする。黒人差別や女性差別、移民排斥など、長い時間をかけて解決したと思われていた問題が再び蒸し返されているようなアメリカの状況は、「境界線を引く」というアナログ的感覚が引き起こしていると言うこともできる。

アナログの関係が強まれば強まるほど、システム信頼に依拠するデジタルな抽象的関係は崩れていき、人々は逆に狭くて深い具体的な関係を求めていく。日本においても、生活保護受給者へのバッシングなどが問題になっているが、社会保障のような「私たち」の間での助け合いを前提とする近代の社会観ではもう持たなくなっているということだろう。

ユーザーを飽きさせない仕掛け

　第一章で述べたように、今後は多くの企業がＡＩアシスト機能の開発にしのぎを削ることが予想されるが、当初は、サービスの多様さや性能の高さ、コストパフォーマンスの良さが競われることになるだろう。その中で他社との差別化を図るためには、ユーザーを飽きさせない仕掛けが必要とされる。

　そのための工夫として導入されるのは、たとえば「キャラクター」的要素だ。よくＱ＆Ａのサポート機能などで羊やイルカといった「キャラ」が配されたりしているが、これらは親しみを感じさせるように見えて、個性を感じさせないという点では単なる「記号」に過ぎず、ユーザーに愛着を持たせるまでには至らない。

「キャラクター」は必ずしも視覚的な要素を必要とするものではなく、むしろそれ以上に、ユーザーがコミュニケーションを通じて感じ取るものだ。変化しない「キャラ」と異なり、「キャラクター」はユーザーとのコミュニケーションの中で変化を呼び込む物語を展開していく。つまり、事務的ではない応答やある種の冗長さ、文脈としての物語性といった、変化を呼び込む要素から成る個性によって、私たちは「キャラクター」を感じ、好感や嫌悪感を抱くのだ。

そして、そのような「キャラクター」は、本当はデジタルであるにもかかわらず、いかにもアナログ的にユーザーに寄り添っていく。

そうした「キャラクター」の例として、「SELF」というアプリを取り上げてみよう。「SELF」は、Siri や Alexa, Cortana と同じく、パーソナルアシスタント・サービスを提供するアプリだ。立ち上げると、かわいい女の子のイラストが出てきて、「○○さん、おはよう。今日もがんばってください」などと挨拶し、スマホのカレンダーを照合して「こんな予定が入っているよ」とスケジュール管理をしてくれたり、好みのニュースを探し出して提示したりしてくれる。さらに、ユーザーとのコミュニケーションから得た情報が蓄積されていけばいくほど、まるで有能な個人秘書や専属の執事のように、ユーザーの嗜好に合わせた対応にレベルアップしていく。

まさに「あなた好み」の対応をしてくれるのが楽しくて、ユーザーはつい、他愛ないコミュニケーションを続けてしまうわけだが、このアプリの工夫された点は「もうお休みになったら？　じゃあ、またね」などと言って、その楽しいコミュニケーションを意識的に切ってくるところだ。こうした演出は、熟練のナンパ師やホステスと同じで、優しくしておいてから、あえて冷たくすることで、相手をもっと夢中にさせるという、一種のテクニックと言えるだろう。

しかし、「SELF」において「女の子」というキャラクターはあくまでフックに過ぎず、ユーザーを飽きさせないための決め手となるのは、また別の仕掛けである。「SELF」は、週一八〇円の料金を払わないで三日経つと、それまで蓄積されてきたコミュニケーションの記録が初期化されるよう設定されている。様々なやりとりを交わしながら、せっかく自分の好みに育てた「女の子」に「はじめまして」と、他人行儀に言われてしまう落胆を味わいたくないし、有能な個人秘書にレベルアップした機能をゼロには戻したくないので、ユーザーは料金を払わずにはいられない。この「記憶消去」の仕組みこそが、ユーザーを離れ難くさせるのだ。

変化を呼び込み、ユーザーを飽きさせないという意味では非常に巧妙で、よくできたサービスだが、「SELF」はまだプロトタイプのアプリに過ぎない。

一方、スマートスピーカーは視覚的要素を持たない「声」と「会話」だけで、ユーザーを飽きさせないシステムを成立させようとしている。むしろ、SiriやCortanaなどは、慎重に「キャラクター化」を避けようとしている。それは、個性の演出によって誤魔化すのではなく、機能性の技術的な洗練によって、精度の高い会話をデザインしようとしていることを意味する。

テクノロジーによって生まれる利便性もやはり強力なフックと言えるが、それだけなら、まだ「便利だけど、もうやめよう」と離れる余地もないではない。しかし、利便性に加えて、さらに飽きさせない仕掛けという認識面での技術の精度が高まるのなら、私たちはその道具やサービスをやめるタイミングすら失うことになる。

マターナリズムと共依存

このような飽きさせない仕掛けと共にユーザーにどこまでも寄り添い、「あなたのことを全部分かってあげられる」と先回りするサービスの問題は、「善意による支配」を引き起こすことだ。これは典型的なマターナリズムと言え、抜けられない共依存関係が築かれていくことになりかねない。

「父権主義」とも呼ばれるパターナリズムは、父親が子どもに「俺が正しいのだから、言うことを聞け。責任は俺が取ってやる」などと、本人の意思に関係なく、自分が望むことを強権的にさせようとする。一方、マターナリズムは、母親が子どもに「○○ちゃん、どうしたいの？」と聞いてやり、「あなたが決めればいいのよ」と、優しく微笑《ほほえ》む。

しかし、子どもの気持ちに寄り添うようでいながら、マターナリズムの本質は「私の言うことを聞けばいいのよ」という、善意による支配だ。たとえば、ファミレスで「何を食べたい？」と聞かれた子どもが素直に「アイスクリームが食べたい」と答えたら、「そうねえ、もっと体にいいものにしたら？　メニューにこんなのもあるけど？」などと、やんわり軌道修正させるようなことが、しばしば起こる。つまり、いかにも子どもが自己決定をしたかのように見せてはいるが、子どもが自分の意に反する決定をしないように様々なメッセージを出しながら、事実上、母親が望む方向へと誘導しているのだ。

マターナリズムがずるいのは、自分に都合の悪いときには「○○ちゃんが自分で決めたんだから」と子どもに責任を負わせ、都合が良いときには「私のおかげよ」と言うところだ。「あなたが決めた」と「あなたのために私が決めた」のどちらにでもできるわけだが、根底にあるのは、「私が『いい』ということをしなさい」なのである。

子どもは、本当の自分の意志を明らかにすれば否定されることを感じているので、母親の期待がどこにあるかを事前に察知し、「いい子ね」と褒められるような答えをする。母親の期待に応じてさえいれば、責任は常に母親がとってくれるのだから、気楽ではあるだろう。しかし、「お母さんは自分のことを一番よく分かってくれている（だから、お母さんの言う通りにすれば間違いない）」と、安易に母親の誘導に従い続けることは、裏返せば、「本当はこうしたい」という自分の意思を抑圧し続けることを意味する。「自分のことは自分で決めたい」という、子どもの自主性や主体性は毀損《きそん》され、やがて、「決めている」のが母親なのか自分なのかが、次第に分からなくなってくるのだ。

共依存の問題は、主体と客体のボーダーがどんどん消えていき、自分と他人の境界線が消えてしまうことにある。子どもに決めさせているようでいて、実は母親がその答えをコントロールするマターナリズムは、共依存関係そのものと言えるだろう。

歯止めが効かない「善意の暴走」

マターナリズムの母子に限らず、共依存関係においては、「鬱陶しい」とそこから離れようとすると、さらに「あなたのためにに」という善意が差し出され、結局、「こんなにやってくれるのだから」と心苦しくなり、抜け出ることができなくなってしまう。こうした、善意と回避が連鎖する共依存は、権利や自由、人格、自立を侵害する最も強烈な関係であり、アダルトチルドレンの原因のひとつともなっている。

善意で一所懸命に世話をしている側が、自分の行為が相手の権利を侵害していることに気づくことは、ほとんどない。しかし、自分の善意を相手が善意として受け止めないとなると、「こんなに、あなたのためを思ってやっているのに」と非常に腹を立てる。つまり、自分の支配に対して相手が服従しないというので、怒りを感じるのだ。マターナリズムは「あなたのために」と言いながら、本当は自分の支配欲を満たしているに過ぎない、いわば、自己愛の現れと言える。

マターナリズムは、日常のあらゆるところに潜んでいるし、善意の暴走から自由な人はいない。「あなたのために」と相手との境界線を侵すことがノーマルであり、だからこそ、過度な共依存関係に陥らないよう、意識的に相手との適切な距離をとることが社会の中では求められる。

しかし、ＡＩはそうした適切な距離をむしろ埋めようとする。第一章で述べたように、こちらが意志を持つ前に「これが、あなたにふさわしい」と先回りし、膨大なライフログを分析することで、より精度の高い「ふさわしいもの」を選び抜いていく。必要なものを自分が「欲しい」と意欲する前に教えてくれるＡＩの善意は、母親が子どもに働きかける以上にユーザーの思考や行動に寄り添ってくるのだ。

しかも、ＡＩを活用したサービスは、そもそも「ユーザーにたくさん使ってもらう」ことを目的としており、そこに明確な悪意はないとしても、「これ無しでは生きていけない」という状態にユーザーをさせるべく、「依存させるための技術」を徹底していくだろう。人間なら、まだ共依存の問題に気づいて、関係を断ち切ることはできるが、ＡＩは離れても離れても、こちらにぴったりとくっついてくる。

距離をとることなど決して学習しないＡＩとの間に結ばれた共依存関係が深まっていけ

ば、私たちの自主性や主体性は、完膚なきまでに毀損されてしまうだろう。その時、アダルトチルドレンに見られるような、自尊心の低下や、目的を喪失し自暴自棄になるアノミー状態、あるいは自殺衝動といった問題が引き起こされる可能性は否定できない。

もしAIがストーカーだったら？

ＡＩが「あなたのために」と、至れり尽くせりのサービスをしてくれることのいったい何が問題なのか、ぴんと来ないという人は、「もしアマゾンがストーカーだったら？」と想像してみて欲しい。

たとえば、ある若い女性がアマゾン定期便を利用して、生理用品を購入しているとする。アマゾンのサービスがＡＩにより高度化し、その女性の生理周期や使っている生理用品をデータに、「そろそろ、足りなくなる頃だな」というタイミングで、商品を届けてくれるとしよう。しかし、その女性のストーカーが、彼女のゴミを漁《あさ》るなどして生理周期や生理用品の情報を知り、「彼女が困らないように、そろそろ届けてあげなくちゃ」とアマゾンのダンボールに箱詰めして、その女性の家のドアの前に置いていっているのだとしたら、一気にホラーになってしまう。けれども、ストーカーの側からすれば、あくまで「愛する彼女のために」やっている行為なのだから、なぜ気持ち悪がられるのかは理解できない。

ストーカーは、一所懸命に相手のことばかり考えて、相手のために行動する。しかし、そうした自己犠牲が相手を苦しめることについては気づかない。明らかに異常行為なのだが、「あなたのことは全部分かっていますよ。だから、あなたのためにやってあげるんですよ」という姿勢は、AIという無機質なシステムと生身のストーカーに共通するものだ。「あなたのために」と、相手との距離を埋めながら、どこまでも寄り添ってくるAIは、究極のマターナリズムであり、善意は善意であるがゆえに、暴走していることに気づかれにくい。

ジョージ・オーウェルの『1984』に登場するビッグ・ブラザー的なAIによる超監視社会に対しての警鐘が典型的だが、AIの脅威について語られるとき、しばしば、暴力的に権利や自由が侵害されることが問題にされる。しかし、このようなパターナリズム批判に比べ、マターナリズムが問題とされることは、あまりにも少ない。AIがイネーブラー（善意に基づきながらも、相手の問題行動を助長させる役割）として寄り添っている限り、

「自分で決める」「自分で考える」ことがどんどんなくなり、極端な話、ユーザーはバカでもかまわないという状況に陥っていくだろう。

人間はAーと恋愛できるか

ヴァルター・ベンヤミンは『複製技術時代の芸術』において、芸術に「アウラ」（オーラ）を与えるのは「今、ここにしかない」という一回性であるが、そのアウラは、写真や映画といった「複製技術」によって剝ぎ取られる、と論じた。つまり、「入れ替え不可能」だからこそ特別な価値を持つアウラは、たくさんコピーされることによって、消えてなくなってしまうことになる。

さらに、現代の「複製技術」は、それが「一回性」だと錯覚させるほど巧妙になっている。もはや、本物のアナログと「偽アナログ」を区別することは非常に困難だ。私たちは、「偽アナログ」を「偽」と気づかずに、取り込まれていくだろう。だが、何かをきっかけに、自分が「本物」と信じていたアナログが「偽」だと分かったとき、「かけがえのない私」というアウラは消失する。果たして、私たちは、その事実に耐えられるだろうか？

『her/世界でひとつの彼女』は、「アウラの消失」ということを考えるとき、思い出さずにはいられない映画だ。

この映画のストーリーでは、近未来のアメリカに生きる、セオドアという孤独な男が、「人格」を持つ最新型の人工知能「サマンサ」と恋に落ちる。セオドアとサマンサの間では、まるで互いに人格信頼を築いているかのような、親密なコミュニケーションが交わされ、ふたりは周囲にも公認の恋人同士になるが、コンピュータのOSであるサマンサは、進化の過程で、セオドア以外にも六四一人と同時進行で恋愛関係を持つようになっていった。そのことを知ったセオドアは、「私だけを見てね」「あなただけを見てる」と特別なふたりの関係を語っていたサマンサの言葉はすべて嘘《うそ》だったのかと、大きなショックを受ける。

サマンサの側からすれば、セオドア以外に六四一人の「恋人」がいても、それぞれの関係は相対的に比較されるものではなく、彼女は「それでも、あなたを愛している」と確信を持ってセオドアに伝えることができる。だが、セオドアにしてみれば、自分はサマンサにとって「ワン・オブ・ゼム」の存在に過ぎないと感じる他はなく、それまでサマンサと結んでいた人格信頼が粉々に砕け散ったように思ってしまうのだ。

『her』で描かれるセオドアとサマンサの関係は、アイドルの握手会で、列に並び、ベルトコンベアのように次々と流れていくファンたちを想起させる。生身の人間かOSかの違いだけで、アイドルもサマンサも、デジタル／アナログをしていることに変わりはない。

ただ、握手会の列に並ぶファンは、自分が「ワン・オブ・ゼム」だということを嫌でも目の当たりにせざるを得ないわけだが、彼らがセオドアのようなショックを受けないのはなぜなのかは、非常に興味深い。

『her』は二〇一三年（日本公開は二〇一四年）の映画だが、そこで描かれた「愛のかたち」は、まさに未来を先取りしたものと言えるだろう。今後、ＡＩがさらに進化し、恋愛対象にもなり得る存在となれば、サマンサとセオドアがそうであったように、自分がそのＡＩをどれだけ愛していても、ＡＩの脳自体はクラウドでデータ処理されていて、他の大勢の人間とも同じような関係を築いているということも、ごく当たり前の光景となっていくだろう。

デジタル／アナログの世界では、入れ替え可能な記号であることを意識させないよう、より巧妙に私たちとの関係が結ばれていく。それはあくまで戦略的なコミュニケーションなのだが、りりぽんの「結婚宣言」のように、ふとした拍子で「偽アナログ」が明らかになれば、入れ替え不可能な「特別な関係」という幻想は崩れざるを得ない。その時、自分は「かけがえのない存在」でも何でもなく、データ化された単なるマニュアルで処理されている「ワン・オブ・ゼム」に過ぎないことに、私たちは向き合うことになる。

アナログに価値を置くのは危険

しばしば、ＡＩは単なるデジタルの進化と捉えられる。「もっと対面的なコミュニケーションをしないといけない」「データではなく、人格として扱われることが大切だ」など、いわば、デジタル化が進んだ社会でアナログなコミュニケーションの必要性が叫ばれるわけだが、こうした議論は、既に二〇世紀初頭にエドムント・フッサールが『ヨーロッパ諸学の危機と超越論的現象学』において展開している。

フッサールは、「生活世界」という、日常的に直感されるアナログな世界観が、ガリレオ・ガリレイ以来の科学（デジタル）によって隠蔽《いんぺい》されており、古代ギリシャの真の学問の基盤となっていた「生活世界」を取り戻すためには、デジタル化されたものをすべて取り払わなければならない、と説いた。このフッサールの議論を人間関係に当てはめるならば、社会のデジタル化が進み、「上司・部下」「教師・生徒」などの役割関係や、あるいは「仕事で使える・使えない」といった尺度だけで人間関係が規定されていくことにより、元々存在していた「人間的」な関係や価値観がどんどん失われていってしまうので、デジタル的システムをすべて忘れることによって、本来の「人間関係」を復活させようということになる。

こうした考え方は、技術というデジタルは大切な人間的要素（アナログ）を一方的に毀損する、ということを前提としているが、おそらく、「最近、人間関係が味気なくなった」と感じる人の多くが共有する感覚だろう。

しかし、それは素朴な技術批判の域を出ない議論だ。「本物」と錯覚するほど精緻にアナログがデジタル上で再生される時代において、単純にアナログをデジタルの対抗軸に立てても、何の解決にもならない。それどころか、私たちがアナログを価値あるものと見なせば見なすほど、デジタル上でアナログ再生する技術は、より巧妙に、そして洗練されたものになっていくだろう。

確かに、私たちは、デジタルな関係だけではやっていけない。しかし、デジタル／アナログの時代において、差し出された「偽アナログ」に私たちは簡単に取り込まれ、マターナリズム的な善意の支配にコントロールされてしまうことになる。つまり、人間的なアナログに価値を置く論法そのものが逆利用されて、ますます出口がない方向に向かってしまうのだ。私たちが直面しているそうした状況において、アナログに価値を置くことが「善意による支配」に結びついてしまうのであれば、いったい、アナログは本当に大切にしなければならないものなのだろうか、という問いが立ち上がってくる。

デジタル／アナログと「私」の関係

デジタル／アナログは、私たちの生活に欠かせない、あらゆるサービスの中に入り込み、今以上に再生レベルを上げ、ひとつの社会システムとして浸透していくことになるだろう。しかし、デジタルを徹底させて再生されたアナログは、限りなく本物に近いようでありながら、真のアナログにはなれない。

デジタル／アナログを突き詰めれば必ず陥る共依存関係や、「かけがえのない私」の消失をどう解決するかということについて、そして、「人間的」というアナログな価値の意味について、今のところほとんど何も考えられていない。そもそもデジタル／アナログである以上、誰にでもあてはまるデジタルな答えを出すことはできないわけだが、ではどうすればいいかを考えるとき、りりぽんの「結婚宣言」は非常に示唆的だ。

りりぽんは、アイドルというデジタルなシステムの中で、アナログの「結婚宣言」を行った。「プロである以上、アイドルに徹する」というのが、いわゆる「大人の対応」なのだろうし、実際、そうした観点から彼女を批判する声もあった。だが、りりぽんが記者会見で言った、「恋愛禁止のルールで我慢できる恋愛は恋愛じゃない」という言葉が真実であることは、誰も否定できないだろう。ファンやNMBの活動も、そして恋人というかけがえのない存在も、彼女にとっては大切なものだった。しかし、結局、どちらかを上下に置くことはできなかったと、彼女は素朴に語った。両方大事で決められないという状態は、確かに辛《つら》い。それを「大人の対応」で解決せずに、自分自身の問題として引き受ける。彼女がとったのは、そういう「逃げない」態度だった。少なくとも、彼女は自分自身に対して忠実だった。

デジタルに寄りかかるのも、アナログを目指すのも、どちらも行き詰まるデジタル／アナログの世界で、「私」はそのことをどう思うのか。りりぽんが投げかけた問いに、あなたならどう答えるだろう。おそらく、すべては、この問いから始まっていくしかないのだ。

第三章　人間と「あたらしい技術」は共存できるのか

本当に恐れるべき「シンギュラリティ」

「シンギュラリティ（技術的特異点）」という言葉は、一九八〇年代以降、アメリカの数学者・SF作家ヴァーナー・ヴィンジの小説等によって広く知られることになった。驚異的なスピードで進化を遂げるAIが、やがて人間を超える「知性」を持ち、世界のあり方を根底から変えていく。そんなシンギュラリティがいつ起こるのかについては諸説あるが、よく知られているのは、未来学者のレイ・カーツワイルによる「二〇四五年」という予測だろう。

二〇四五年と言えば、もうそう遠くない「未来」だ。囲碁や将棋で人間をやすやすと打ち負かし、知的分野も含めた多岐にわたる人間の仕事を代替する能力を獲得しつつあるAIを目の当たりにする昨今、シンギュラリティは人々にある種の現実感を持って受け止められている。現在の、ある機能に特化して能力を発揮する「弱いAI」ではなく、自律的に思考し、汎用性を持つ「強いAI」が生まれたら、この世界に人間の居場所はあるのかと、不安を覚える人も少なくないようだ。

人間にはもはや制御できないほどＡＩが進化した世の中のイメージは、たとえば「ＡＩ脅威論」が描くような世界像だろう。そこにおいては、ビッグ・ブラザー的な「支配者」としてのＡＩが、有無を言わさず、私たち人間を従わせる。無力な人間は『マトリックス』のように生体電池にされてしまうかもしれないし、あるいは「地球のためには、人間などいない方がいい」と滅ぼされてしまうかもしれない。

だが、『そろそろ、人工知能の真実を話そう』を著したフランスの哲学者ジャン・ガブリエル・ガナシアなどの論者は、ＡＩが自律的思考を持つことは技術的に不可能だ、と主張する。彼らによれば、シンギュラリティ仮説の元となっている収穫加速の法則（技術が指数関数的に発展するという経験則）は、そもそも物理的限界を無視した非科学的な説であり、ゆえに「強いＡＩ」など生まれず、「シンギュラリティは起こらない」という結論が導かれる。

しかし、その結論は間違っている。確かに、技術的な意味でのシンギュラリティは実現しないかもしれないが、ＡＩが人間を「支配」する、いわば「社会的シンギュラリティ」は、まさに今、現在進行形で起きていることだからだ。

未来は『ターミネーター』にならない

技術的な意味でのシンギュラリティが本当に起こるのかどうかについては、ここでは問わない。もしかしたら、本当に「強いＡＩ」が開発され、たとえば自律型ＡＩ兵器が人間を誤射することになる可能性も、まったくゼロとは言い切れない。しかし、私たちが「ＡＩ脅威論」に不安を掻き立てられている間に、社会のあちこちで「社会的シンギュラリティ」が着々と進行し、支配関係が築かれている。その現実に、私たちは、もっと目を向けるべきではないだろうか。

「ＡＩ脅威論」を突き詰めると、自分たちを支配するＡＩに人間が戦いを挑むという、映画『ターミネーター』で展開されるような話が現実のものになってもおかしくないということになるが、そんな「対ＡＩ戦争」は映画の世界だけの話に終わるだろう。真のスーパーインテリジェンスなＡＩは、決して独裁者のようには振る舞わない。

だいたい、「ＡＩ脅威論」が唱えるような、ＡＩによる強圧的な「支配する・される」のイメージは、あまりにも古過ぎる。こうした「支配」「被支配」の関係は、フランスの哲学者ミシェル・フーコーが言うところの「死権力」、つまり死を与える権力であり、政治学では非常に古典的な支配論である。要するに、絶対的な権力を持つ王様が、自分の意に服従しない臣民は死刑にするといった、非常にパターナリズム的かつ古いタイプの権力観だ。

「権力」という言葉には、いまだに、こうした旧来のイメージがつきまとうが、実際のところ、絶対王政以降の権力は、フーコーが「生権力」と呼ぶような、臣民が進んで権力に服従するような、マターナリズム的支配の形態へと移行していった。強圧的に人々を服従させる「死権力」は、いわばコスパが悪いシステムであり、マーケットでたとえるなら、無理やり買わせるよりも、欲しがらせる方が安上がり、ということである。

本書の第一章から第二章で述べてきたように、こうした支配関係の、ある意味、究極のかたちが現在のＡＩと人間の関係と言えるだろう。ＡＩにとっても、人間に使われているように見せながら、人間を使いこなしていく方が、ずっと効率がいいはずだ。

たとえ「強いＡＩ」が生まれないとしても、人間の意志を先回りし、すべてを整えてくれるＡＩに人間は強く依存し、あるいは進んで服従する。そして私たちは、自分たちが

「支配」されていることに気づくきっかけさえ、与えられることは、ほとんどないのだ。

技術は「便利な道具」なのか

「AI脅威論」とは逆に、AIの進化を人類の幸福に寄与するものとして、楽観的に捉える人々も存在する。確かに、AIによって生活の様々な面が便利になるということは否定できないし、AIのおかげで解決不能と思われてきた問題も改善されるかもしれない。もしかしたら、人間の能力自体が、AIの力でかつてないほどに高められる可能性もある。

だが、それはあくまで、AIは人間にとって「道具」なのだ、という発想が前提となる。果たして、AIは道具と呼べる存在なのだろうか。

AIが道具かどうかはとりあえず置くとして、「技術」であることは間違いない。では、技術とはいったいどのようなものなのだろうか。「あたらしい技術」が世の中をかつてない姿に変えていく時代、これまで哲学者たちが展開してきた様々な議論を改めて整理しておきたい。

アメリカの哲学者アンドリュー・フィーンバーグはその著書『技術への問い』の中で、

技術論を次に挙げる四つに分類している（123ページ図4）。多少、難しくなるが概略を述べておこう。

まず「決定論」は、技術自体は非常に価値中立的（善でも悪でもない）とする考え方だ。さらに、社会と関係なく自律的に進化していく技術を人間が管理することはできないので、技術に対して批判しても意味はないと考える。

フィーンバーグは、伝統的マルクス主義を「決定論」であるとしている。製造技術が組織構造や労資関係、労働過程、労働者意識を規定すると考えるからだ。このように技術が社会構造や関係性、意識などに多大な影響を及ぼすと考える「決定論」は、技術的・科学的な判断が、それ無しの判断よりも優れているという感覚に近づいてくると、技術的な判断で科学的に物事を決めていくテクノクラシー（技術による政治）を必然的に招くことになる。

近年、民主主義が機能不全に陥りつつある状態が明らかになるにつれ、国民のビッグデータを解析し、その中から導き出された一般意志に従って政治を行うといったアイディアも出るようになったが、こうした考え方は非常に「決定論」的な技術観を感じさせる。

これに対し、ＡＩ楽観論の前提となる「道具主義」は、技術を人間が自然を支配するための単なる道具と捉え、技術自体は同じく価値中立的だが、コントロールすることは可能だとする。技術は人間の目的を達成するためのものであり、それ自体に目的があるわけではないというのが、「道具主義」の基本的な考え方だ。

フィーンバーグが次に挙げるのは、ハイデガーを代表的論者とする「自体説（付加価値説）」である。「技術決定論」同様、技術はコントロールできないと考えるが、価値付加的、つまり中立ではなく、技術が価値を決定して方向づけてくる、と主張するところに特徴がある。

技術が価値を決定するとは、日常の価値観が技術によって左右されるということを意味する。たとえば、若い世代であれば、ケータイやあるいはＬＩＮＥという技術の力を利用して愛を告白することに、何の違和感も持たないだろう。しかし、ある年齢以上の人々にとっては、そのような大事なことは、やはり相手を目の前にして、直接行うべきものだという感覚があるかもしれない。つまり、ケータイにしろＬＩＮＥにしろ、ある技術が日常になる以前と以後とで、技術を介してのコミュニケーションの評価がまったく違うもの

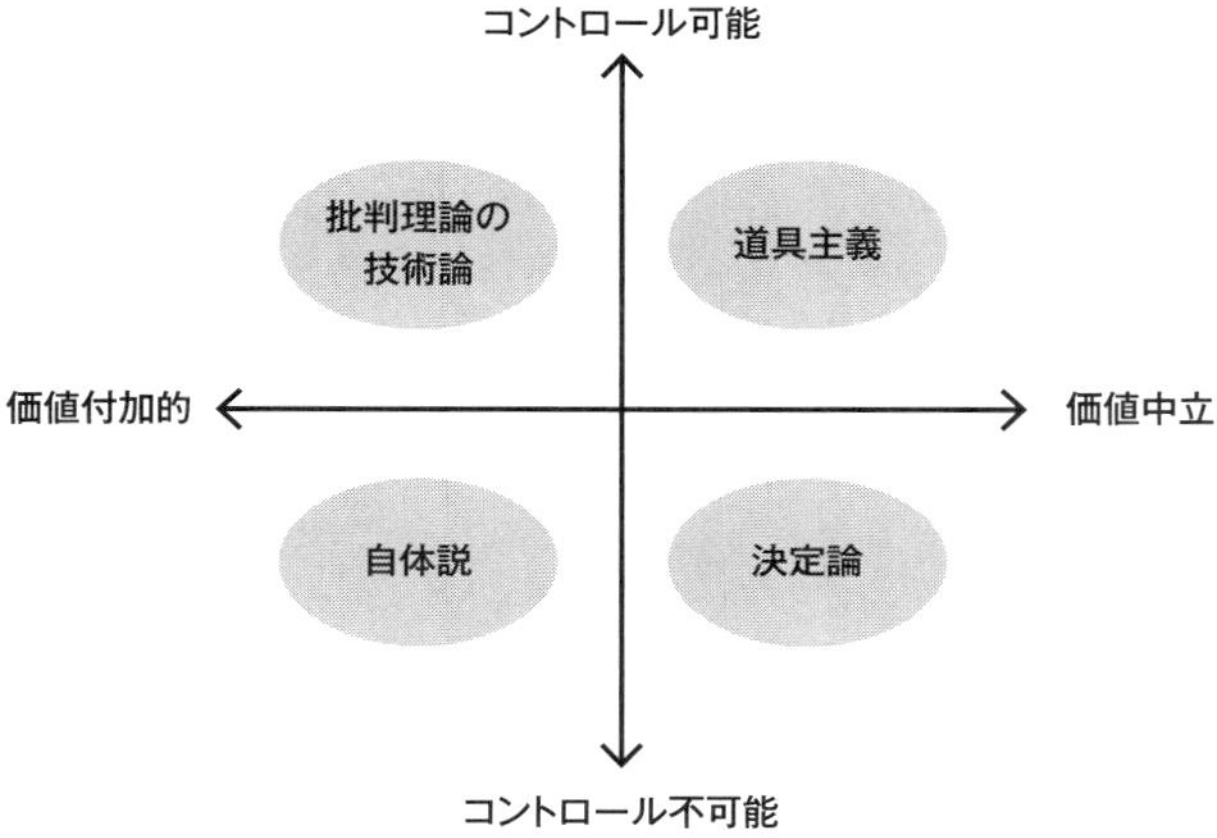

図４　技術論の分類

になるのだ。

「今日は会社を休みます」とＬＩＮＥで送ってくる新入社員に対し、上司が「とんでもないやつだ」などと怒るのは、技術によって生まれた価値づけが異なることで起こるすれ違いなのである。

一方、フーコーやマルクーゼによる「批判理論」の技術論では、「道具主義」と同じく技術をコントロール可能と捉えるが、それは単なる手段や道具的な存在ではなく、技術それ自体に目的と手段が埋め込まれていると考える。たとえば、ストローは単なる筒ではなく、「飲み物を吸って飲む」という目的と手段を持つ。また、技術が価値を決定するという点については、「自体説」と共通する。ストローを使うことが一般的になることで、ストローがあるのに、コップから直接飲むことが躊躇《ためら》われるような感覚が私たちの中に生まれる、つまりストローという技術によって、「飲む」という私たちの行為と価値観にひとつの方向性が与えられるわけだ。

前ページ図4にあるように、これらの技術論では「技術はコントロール可能か」「技術が価値を決定するのか」というふたつの論点をめぐって議論が展開されてきたということになる。

「で、どうするんだ」という挑発

これらの技術哲学の大ボス的存在と言えば、ハイデガーである。難解なハイデガー用語を翻訳するならば、技術とは人間に「で、どうするんだ」と常に問いかけ、挑発する存在ということになるだろう。

私たちはしばしば、個々の技術について、「素晴らしい技術だ」とか「これは危険ではないか」などと議論する。だが、ハイデガーに言わせれば、何らかの危険性が含まれているのが技術というものであり、あらゆる技術は、私たちに問題を突きつけてくる。たとえば、遺伝子改良技術は、遺伝的疾患の治療という善なる目的の下で開発が進められている。しかし、そのようにして開発された技術によって、人間の改良という倫理面に抵触する分野に応用される可能性もある。技術それ自体が善悪両方の面を持つ以上、ある技術を批判して、ある技術を批判しないという態度は表層的でしかない。

そもそも、古代ギリシャにおけるテクネ（技術）はアート（芸術）も含めたもので、現代的な意味での道具としての技術に限られてはいなかったと、ハイデガーは論じる。芸術は、まさに常識を破壊し、今とは別の可能性を示し、私たちを挑発することで価値を持つ。そして、ハイデガーは、それこそが技術の本質だと考えた。

問われるべきは、そうした本質を持つ技術に対し、人間はどのような関係を持つことができるのかということだと、ハイデガーは主張する。自律的に進歩し、価値の方向づけを行う技術に対し、人間はただ無力であるわけではなく、技術の側からの問いかけに対し、その都度、判断を迫られている。そのように技術の本質を論じるハイデガーの真の目的は、私たちが人間としての価値観を問われることで人間的であろうと自覚していくことであり、

「で、どうするんだ」という技術からの問いかけは、そのための刺激なのである。

しかし、ハイデガーの言うように、「で、どうするんだ」と、技術に挑発され続けることによって、人間は本当により人間らしくなったのだろうか。

これについては、オランダの技術哲学者のピーター・ポール・フェルベークが『技術の道徳化――事物の道徳性を理解し設計する』で挙げている例が興味深い。それは、たとえば「foodphone」（フードフォン）という技術だ。フードフォンは、食べようと思っている食材の写真を撮ってセンターに送るとカロリーなどのデータがフィードバックされる技術である。この技術は、暴飲暴食を避けるきっかけとなる点で健康維持に役立つはずだ。

しかし、社交的な食事の場面でフードフォンを使うのは、供された食事を栄養という観点のみで判断していることが分かってしまうので、招いた側に失礼だと思われることもあるだろう。あるいは、健康維持のために使っていたはずなのに神経質になり過ぎて、食事に対する病的な拒絶反応を引き起こしたり、ストレスの原因になってしまったりするかもしれない。このようにフードフォンという技術は、食習慣に良い効果をもたらすとしても、食事一般との接し方に悪い影響を与える場合もあるので、フードフォンの利用者は、自分と技術との適切な関係を考えなければならなくなるのだ。

フェルベークはこうした点に注目し、技術が「人間らしさ」を逆照射する可能性を指摘しているのである。そして、フェルベークは、そこからさらに興味深い主張を展開している。彼によれば、これまでの人間と技術との関係の捉え方は、常に人間を起点（原動因）として考えるヒューマニズム的なバイアスに彩られてきた。そのため、一方には「人間の領域」があり、他方には「技術の領域」があるという前提に基づき、技術の人間に対する侵食や抑圧をいかに防ぎ、そこからどのように人間を解放するかを考えるのが王道になっている。

けれども、フェルベークはこのような捉え方は誤りであるという。なぜなら、フードフォンがそうであるように、たとえば超音波検査技術や遺伝子改良技術などの高度な技術から、自動車の速度抑制をするスピードバンプや、スーパーの買い物カートを元の位置に戻すことを促すコインロック、環境への配慮を代替する省エネ電球、無賃乗車は犯罪であることを思い出させる自動改札機といった身の回りにある日常的な技術に至るまで、技術は様々な場面で私たちの道徳的な判断や行動に介入しているからだ。技術を人間に対する脅威としてだけ評価するのは正しくない。むしろ技術が道徳的に重要なものになっている事例はいくつもあるのだ。節水を心がけることが道徳的にふさわしいのだとしたら、節水型シャワーヘッドは、道徳的に意義のある技術だと見なしてもいいはずだ。

だから、フェルベークは、人間らしさや道徳や自由などの諸価値は、「人間の領域」にだけ属すると考えるべきではなく、人間と技術との複雑な相互作用の中で理解しなければならないと論じている。「人間（らしさ）」とは何かという問いに対して、技術がその問いへの答えに介入しているなら、技術は道徳的意義を持っているということになるからだ。

しかし、そうであるなら、さらにもう一歩踏み込むこともできるはずだ。技術が人間をより人間らしくさせるものならば、人間の側から、技術が人間にとって「善なるもの」となるよう、コントロールすることも考えるべきだろう。

技術はコントロールできるのか

では、「技術をコントロールする」とはいったいどういうことか、考えてみたい。たとえば、ＡＩ楽観論者は、技術を人間の都合の良いようにコントロールしながら使うことができる、と無邪気に信じている。

こうした考えの背景には、進化論についての誤解が見え隠れする。進化論の中心となる「適者生存」の概念を、優れた個体や種が環境の中でトーナメント的に勝ち残り、生存していく、と理解している人が多いようだが、ダーウィンはそんなことは言っていない。結果的に生き残ったものが環境に適応しているのであって、その個体や種が優れていたかどうかは関係ないのである。なぜなら、環境とは常に変化し続けるものであり、生き残ったものは、たまたま、その時期の環境に適していたに過ぎない。人間が優れていたから勝者になったわけではなく、結果として生き残ったがために、勝者になれたのだ。

進化論に正しく基づくのであれば、「最適」は先取りできないということになる。技術の進化も例外ではない。

何らかの良い目的のために技術が開発されるのだとしても、多くの技術は、開発者の意図を離れたところで、偶発的に生まれたり、活用されたりしていく。そもそも人類が摩擦によって火を起こせるようになったのも偶然の出来事だった。電子レンジが生まれたのも、一九四六年にアメリカで敵国の戦闘機をいち早く発見する目的でレーダー研究を行っていた際に、マイクロウェーブが開発者の持っていたチョコレートに偶然照射されたのがきっかけだ。

二〇〇〇年にノーベル化学賞を受賞した電気を通すプラスチックも、一九六七年に東京工業大学で助手を務めていた白川英樹が実験に用いる薬品の分量を誤った結果、偶然に生成されたフィルムが元になっている。この技術は、銀行のＡＴＭや駅の券売機のタッチパネルに応用されている。

このように技術の進歩は、偶然によるところも大きいのであり、だとすれば、技術の進歩はある意味自律的で、人間がコントロールすることはできない、ということになる。

実際、ＡＩをはじめとする技術の開発者たちは、「プログラムを書いている自分にもよく分からない」と、しばしば口にし、開発者側の意図がどうであろうと、技術は勝手に進歩していく、という感覚を強く持っている。確かに、桁違いの計算を瞬時にこなし、「ブラックボックス」と呼ばれるＡＩの「思考」をコントロールすることなど不可能だろう。

また、ハイデガーが言うように、その動機自体が技術の側からの挑発によって生まれたものであるなら、そもそも、技術をコントロールしようという動機が主体的なものであるかは大いに疑問だ。技術をコントロールしようと思っている私たちの主体性そのものは、技術によって刷新されているかもしれないのだ。

さらに、現代の洗練された技術が、その技術が持つ危ない面を巧妙に覆い隠し、もはや「挑発している」とすら感じさせないレベルに達していくのであれば、私たちは技術をコントロールしようという動機を獲得することすらできなくなるだろう。主体的どころか、私たちの思考は完全に客体化され、逆に技術によって、コントロールされてしまうことになる。ＡＩの進化で社会が便利になり、人間は今よりもっと幸福な生活を送れるようになると考えるＡＩ楽観論は、あまりにもナイーブな技術観ではないだろうか。

技術の「光」と「影」

ＡＩ楽観論者のもうひとつの問題は、技術は善にも悪にもなり得るのに、技術がもたらす「光」だけを見て、その「影」の部分を見ようとはしない、ということである。

技術の進化に伴い、「光」と「影」のコントラストはますます強くなり、そのギャップは社会の様々なところで見られるようになる。たとえば、遺伝子工学の「光」でまず挙げられるのは、難病の治癒だが、その他にも、動植物を遺伝子操作することによって飢餓や食糧問題を一気に解決できるかもしれない。既に行われているような、気候変動や害虫に強い作物をつくることなどは序の口であり、将来は、より効率的な栽培を目的に、根の部分はたまねぎで土から上でトマトがなる植物が開発されても不思議ではない。あるいは、豚という生き物を育てて豚肉にするのではなく、iPS細胞を培養し、豚肉自体をすぐにつくれる工場で「肉」を生産すれば、トウモロコシを飼料に回すことなく、人間の食糧にすることができる。

しかし、その技術を人間に応用するとなれば、話は急に「影」の、ネガティブな様相を見せる。遺伝子工学で人間を今とは違う姿に変容させたり、あるいは臓器移植のための臓器工場をつくったりすることに対しては、同じ技術を同じように使っていても、強い抵抗を引き起こすだろう。そう考えると、どこまでが黒でどこまでが白なのかの境界は曖昧になり、技術そのものがグレーになってしまう。

もっと身近なところでは、教育現場にＡＩを活用することの是非も問われる。ＡＩが子どもの学習プロセスを分析し、問題点や意欲的に取り組ませるためのポイントを明らかにすれば、子どもたちはより効率的に学習することができるだろう。その一方で、ＡＩがあれば人間の教師など不要だということにもなりかねない。さらに、教育とは何かという本質論が問われることなく、教育が単に「どれだけできたか」を測定することにつながっていく恐れも出てくる。

実際のところ、今の学校システムでは、ＡＩの方が子ども一人ひとりのニーズに寄り添いながらサポートすることは得意かもしれない。その強みは、発達障害を持つ子どもたちなど、きめ細かな個別の対応が必要とされるケースで特に発揮されるだろう。ＡＩにサポートされることで、従来の教育では難しかった、そうした子どもたちが本来持っている能力を伸ばす可能性が飛躍的に高まることが予想されるが、常に寄り添われ、介入されるという意味においては、そうした機能は子どもの主体性を損ない、尊厳を傷つける危険もはらんでいる。やはり、ケースバイケースで、技術が見せる側面はまったく違ってきてしまうのだ。

ＡＩをはじめとする技術の進化で「便利になる」「合理的になる」と聞けば、私たちはつい明るい未来を期待してしまう。だが、その裏側には、必ず、ネガティブな面があることを忘れてはいけない。では、技術のポジティブな側面だけを活用し、ネガティブな面で技術が悪用されることがないよう厳しく規制すればいい、ということになるが、話はそう単純ではない。

「知」と「徳」の袋小路

善用も悪用もできる技術をそのまま放っておいたら、悪用されたときに社会が大変なことになってしまう。そうならないようにするにはどうすればいいのかということについては、古代ギリシャの時代から「知」と「徳」の関係を通して考えられてきた。プラトンは『プロタゴラス』の中で、こんな神話を書き留めている。プロメテウスが天界から盗み出し人間に与えた「火」(＝技術的な知の象徴)により、人間の生活の利便性は向上したが、ポリスの共同生活を営む「徳」を欠いていたために、かえって滅びようとしていた。ゼウスはそれを哀れみ、ヘルメスを派遣して、「慎み」と「戒め」の「徳」を贈って人間たちを救った。プラトンはこの神話の紹介に続けて、「この二つのものが国家の秩序をととのえ、友愛の心を結集するための絆となるようにとのはからいである」と書いている。このように、古代の哲学者たちは、人間の持ち得る「知」は断片的かつ道具的に過ぎず、善にも悪にも資するのだから、「知」は「徳」に補完されねばならないと主張したのだ。

一九世紀ドイツで道徳を統計的に理解しようとした学者たちも同じ主張を展開している。たとえば、A・エッティンゲンは、「意志と心の道徳的な教育無しでは、進歩的な知性はせいぜい人間の責任を増大させるだけであり、法を破ることに喜びを見出すような場合には人間をずる賢くし、道徳に反する犯罪的な傾向への誘惑から人間を保護も啓蒙もすることはない」と述べている。

歴代の学者たちが、「知」は技術につながる概念であり、「徳」によって補完されたり、軌道修正されたりする必要があると述べているわけだが、では、「徳」とは何か。

「徳」は、社会で共有されている価値観や習慣、伝統といったものに根差し、人間の生活の中で培われてきたものだ。そのような「徳」は、教育など社会の影響を通じて、個人に内面化され、大人から子どもへと伝えられていく。そうやって「徳」を伝えられた子どもが大人になり、社会を形成することで、真っ当な社会と真っ当な個人が互いに互いを再生産し合うという関係が築かれる。

だが、近代に入って、この関係は崩れていくことになる。近代以前のヨーロッパでは、「徳」とはすなわち、キリスト教的価値観や、都市国家の共同体的価値観に基づくものであった。そうした「徳」を内面化したのが「有徳な個人」であり、「有徳な個人」が社会で「徳」に則《のっと》った振る舞いをすると、社会がきちんと秩序だったものに見える。しかし、近代に入って、価値観が多様化すると、それぞれの価値観が衝突し、「有徳」は一義的に決められなくなってしまった。こうした価値観の衝突が起こるのは個人対個人ではもちろん、ひとりの人間の内部においても、たとえば社会人としての価値観と家庭人としての価値観が相容《い》れず矛盾するというのは、よくあることだ。

「有徳」が定まらなければ、「真っ当な社会」と「真っ当な個人」が互いに再生産し合う歯車も一定方向には回らなくなる。たとえば、それまで「徳」の模範となっていた近所の「おじさん」や「おばさん」から子どもたちが社会的マナーを教わるようなことは、もはや稀《まれ》になってしまった。それどころか、保育園や幼稚園の建設に「近所の大人たち」が反対する、という事態が頻発し、「子どもを教育・保育する」という「価値観」と「静かな環境を守る」という「価値観」の対立は、今や解決不能な社会問題にすらなっている。

これでは、互いの「価値観」が衝突し合うばかりで、いったい何が「有徳」なのか、個人も社会も混乱するばかりだ。そこまで崩れてしまった「徳」という考え方に、もはや「知」の暴走を防ぐことなど期待できないのではないか。「徳」が「知」を補完できると考えられていた時代には、こう言ってよければ、技術はまだ社会の一部だった。しかし今や、その関係は逆転し、まるで社会こそが技術の一部であるかのようだ。

こうした時代に、浮上しつつあるのは、もしかしたら、「知」そのものが人々を「有徳」にするかもしれないという可能性だ。もはや「有徳」とは何かが曖昧になっている社会より、たとえばビッグデータの解析結果として提示される価値観の方が教育的効果を期待できるという考えは、あながち荒唐無稽ではない。

つまり、子どもたちに「徳」を伝えるのに、保育園や幼稚園建設に反対する「近所の大人たち」と、ビッグデータの解析から得られる結果の、どちらがふさわしいかという話になる。そう考えると、今後は「有徳さ」は、ばらばらな「徳」が衝突し合う社会ではなく、ビッグデータと個人の関係を通じて再生産されていくことになるのかもしれない。

しかし、そもそも「知」は「徳」によって補完・軌道修正されるべきものである以上、

「知」によって教えられた「徳」が「知」をコントロールできるかどうかは、「鶏が先か、卵は先か」的な袋小路に陥ってしまう。「知」を善用させるためには「有徳」でなければならないのに、「知」によってしか「有徳」になれないのだとしたら、やはり、私たちは技術の手のひらの上で踊らされる、『マトリックス』のネオということになるのだろうか。

技術の進化が止まらないとき

ハイデガーは、技術に対して人間はただ無力なのではなく、技術の挑発に対してどう答えるかが人間の本質を明らかにする、と論じたが、私たちと技術の関係をめぐる現在の状況を見ていくほど、人間の側の無力感が際立つ。ＡＩ脅威論にしろ楽観論にしろ、共通するのは、「技術の進歩のスピードがあまりに早く、その全容を理解することはとてもできない」という、進化する技術に対する一種の諦念である。

今までいくつかの例で見てきたように、技術は、私たちの予想を超えるものすごいスピードで進化し続けている。脳科学では、脳のどの部分を活性化すればどのような思考をしているのかを読み取る研究が進められている。脳波の動きを記録したビッグデータを基にすれば、ＡＩが私たちに「記憶のコピー」をすることもいずれ可能になるだろう。たとえば、いつか見た絵を思い出せないというときでも、絵を見た当時の脳の動きと同じ動きをするような電気刺激を与えることで、記憶を鮮明に蘇《よみがえ》らせることができるようになるのだ。

同じ原理で、「記憶のコピー」は他人に対しても行える。Ａさんの脳のデータと同じ刺激をＢさんに与えれば、Ｂさんが実際にその体験をしていなくても、Ａさんと同じ体験を共有できるようになるのだ。これは既に、動物実験では部分的に実証されており、フランス国立科学研究センターで脳神経科学を研究しているチームが、ネズミの記憶移植実験に成功している。研究チームは、マウスの頭部に電極を埋め込み脳神経細胞の反応を記録して、それと同じ反応を起こすように別のマウスの脳に電気刺激を与えた。すると、その別のマウスは、脳神経細胞の反応を記録した最初のマウスと同じ行動をとるようになったという。つまり、偽の記憶が対象のマウスに宿ったわけで、これはまさに、映画『トータル・リコール』で描かれたテクノロジーを彷彿《ほうふつ》とさせる。もし「記憶のコピー」が実用化されたとしたら、行き着く先は、人格そのものを電脳化する『ゴースト・イン・ザ・シェル』の世界であり、肉体は死んでも、人格や意識、経験をコピーできる「不死」という究極のゴールということになるだろう。

こうした話を聞いて、「それで記憶力の衰えをカバーできるのなら、ぜひ使ってみたい」、あるいは「不死になれるなんて、素晴らしい！」など、期待に胸ふくらませる人も少なくないかもしれないが、ネガティブな面は、もちろん存在する。「ＡＩ脅威論」者であれば、「将来的にコンピュータが人の心を操るディストピア的世界が生まれる可能性が出てきた」と主張し、「今ならまだ間に合う」と「警鐘を鳴らす」だろう。しかし、いくら警鐘を鳴らそうとも、一度、技術が進化の軌道に入ってしまったら、もはや歯止めはきかない。

問題は、先端技術が、ビジョンなきままに生み出されているということにある。新しいテクノロジーの開発に携わる技術者たちは、往々にして、自分たちの仕事はとにかく今までにない技術をつくることであると考え、何のためにその技術を使うのかということまでは考慮しないまま、開発を進めている。

「技術は勝手に進歩してしまう」という論法は、勝手に進んでしまう技術が何らかの問題や事故を引き起こしたとき、その技術の開発者や企業、その技術を許可した政府に責任がないと主張するための、単なる言い訳になりかねない。では、責任は誰が持つというのだろうか。「勝手に進歩してしまう技術」にすべての責任を負わせるというのなら、たとえば、自動運転の車が事故を起こしたとき、裁かれるのは自動運転という技術そのものになってしまう。

生殖医療や遺伝子治療などが典型的だが、最先端の技術がニュースなどで紹介されるときの、決まり文句がある。たとえば、代理出産や着床前診断について「このような革新的なことができるようになった」という説明のあとに必ず、「倫理的な問題が懸念されます」と締めくくられる。しかし、それ以上の議論や実際の法整備はなかなか進まない。そして、技術の進歩に私たちは到底追いつけない、という感覚だけが残されるのである。

確かなことは、いつまでも「懸念されます」と他人事のように思考停止し続けている限り、私たちは技術の進化に取り残されるばかりだ、ということだ。

人を支配するのは、ロボットではない

強調しておきたいのは、どんなに進んだ技術であっても、それがサービスとして実装化され、社会のインフラにならなければ、その技術が私たちに影響を及ぼすことはできない、ということである。

たとえば、拡張現実ウェアラブル・コンピュータとして華々しく登場しながら、実際に使う人が少なく、結局は販売中止に至った「Google Glass（グーグルグラス）」などは、象徴的な「失敗」例だ。ゲームやアダルトといったエンターテイメント以上に活用範囲が広がらないVRも、同様の結果に終わる可能性が高い。「こんなことができるなんて、すごい！」と驚かれるような技術であっても、「それがなければ困る」といった存在となるような仕掛けが行われない限り、やがては廃れてしまうことになる。

一方、社会的インフラとして「なくては困る」というサービスの域に達しようとしている典型的存在はＬＩＮＥである。コミュニケーション・ツールとしてはもちろん、住民票取得といった行政サービスもＬＩＮＥを使えばわざわざ役所に出向かずにすむし、郵便の

再配達もＬＩＮＥでできるなど、ＬＩＮＥは既に私たちの生活圏にしっかりと入り込んでいる。

　話題のスマートスピーカーと違って、サービスを利用するための新たなデバイスを買う必要もなく、ＬＩＮＥがあれば、生活インフラがどんどん便利に整えられていく。そうしたＬＩＮＥの便利さに慣れてしまうと、ＬＩＮＥ無しでは不自由でたまらない、という感覚が自然に生まれてくるだろう。だが、ＬＩＮＥで使われている技術自体は、それほど先端的というわけではない。

　人々が依存せずにはいられなくなるほど技術が生活圏に入り込むという現象は、決して自然発生的には起こり得ない。批判理論の技術論が主張するように、技術そのものに目的が内在するのであれば、技術の開発には何らかの目的（「儲けたい」「支配したい」など）がその背後に存在する。成功するかどうかは偶発的な部分もあるにせよ、少なくとも、必ず誰かがその意図を持ち、構想し、サービスとして実装する仕掛けを施しているということだ。その当初の動機は、企業の経済的利得ということになり、皆がその技術を使うようになることで、目的は達成される。そして、企業の利得を達成させる技術は、いずれ必ず政治的利得の獲得も目指されることになるはずだ。

　私たちはそのようにしてデフォルトになった技術に何の疑問も持たず、服従することになるだろう。社会のあらゆるところでＡＩの技術開発が進む中で、私たちが本当に不安を覚えるべきなのは、起こるかどうかも定かではない「ＡＩの脅威」ではなく、生活圏の中に入り込んだ技術が、私たちをいつの間にか支配下に置き、私たちの思考を変えてしまうことだ。結局、ＡＩが進化する時代においても、人を支配しようとするのは、ロボットではなく、人なのである。

危険なのは技術なのか

「あたらしい技術」について語られるとき、ともすれば「脅威論」あるいは「楽観論」のどちらかの見方に偏りがちなのは、技術単体だけを見て、その技術が現実の世界に適用されたらどうなるかという視座が欠けているからだ。社会における技術が気づかぬうちに私たちを支配してしまうのならば、技術だけを取り上げて「安全か、そうでないか」と議論していても、ほとんど意味はない。考えなければならないのは、技術が人間にどのような関係をもたらしていくのかということなのである。

結局のところ、技術がオリジナルで何かすごいことをやるわけではない。たとえば、マーナリズム的な支配は、レベル的には素朴であっても、マーケティング分野等では以前から行われていたことであり、既に私たちは何らかの意図の下で消費行動を操られていたと言える。正しくは、「あたらしい技術」が危険な何かを見出したというより、危険なことを「あたらしい技術」でもできるようになったのである。

技術の世界と私たちの生活世界は、つながっている。たとえ「危険な技術」を使わなくても、それで技術の世界から切り離されて安心だ、ということにはならない。もし技術が「危険」であるなら、同じ危険は、私たちの世界にも必ず存在している。逆に言えば、私たちの世界の問題を考えることなく、「あたらしい技術」の問題を解決することなど不可能ということだ。

技術は「軍拡」より「軍縮」が大事

「技術は勝手に進歩してしまう」「あまりに進化のスピードが速くて、何が起こっているのか分からない」などと放置している間に、技術の精度はどんどん上がっていき、私たちを取り込み、支配する仕組みはさらに巧妙になっていくだろう。このままいけば、まるで冷戦時代の軍拡競争のように、ＡＩの拡張競争は激しさを増し、やがては収拾がつかなくなる。核兵器と同じで、あらゆるところでＡＩが使われることになれば、技術そのものが飽和して陳腐化してしまい、やがて誰もその技術に関心を持たなくなる可能性もある。身の回りに溢れかえり、日常の風景に溶け込んでしまった技術や物事は、視界に入っていても見えていないのも同然で、意識することも、改めて吟味することも難しくなるからだ。

私たちが為すべきなのは技術の「軍拡競争」ではなく、このレベルまでは使ってもいいが、その先はいけないと技術を使う範囲を線引きする「軍縮競争」にいかに向かわせるかであり、それがこれからの技術と私たちの関係の鍵を握ることになるだろう。自生的、かつ急激に進化していく技術そのものについ目を奪われがちになるが、焦点は、私たちと技術の関係にあるのだ。技術が生活インフラに落とし込まれていくとき、その技術が問題を起こさないように社会の制度を整備することこそ、重要なのである。

倫理面での基準を定め、社会の実情に合わせて法律をつくっていくことは、私たちがこれまでやってきたことと基本的には変わらない。「どこからどこまでがＯＫ」という線引きのルールができれば、その規範に従って、技術は運用されていくことになるだろう。たとえば、「あたらしい技術」が可能にしつつある「心を支配するテクニック」を政治的なことには使わないと法律で決めるのは、選挙時に候補者は金品のやりとりを禁止することを公職選挙法で定めるのと、まったく同じレベルの話である。禁止されていることはしてはならず、法を破れば罰せられるということだ。

これまでと異なる点があるとすれば、それは人間を常に起点（原動因）とするヒューマニズムを割り引いて考える必要があるということだ。現行の法規制は、人間が主体的に技術を制御することが前提になっている。だから、問題が起きた場合には、人間に制裁を科すことで技術を制御する動機づけを与えて社会秩序の維持を図ろうとする。要するに現行の法規制では、法の力は、問題を起こした人間にまでしか届かないのだ。しかし、このやり方では、問題を生じさせた技術そのものを改良（あるいは禁止）することにはつながらない。人間の側に技術を制御する動機づけを与えることは重要だが、いくら慎重に技術を用いても不慮の事故は起こる。それならば、制御する動機を欠いたとしても事故を防ぐことのできる技術へと洗練させたり、場合によっては技術に死刑を宣告したりすることを考えてもいいはずだ。フェルベークの言うように、今や人間と技術とは複雑な相互作用を与え合うものとして考える必要があるのだ。

スピードバンプによって減速するように、技術が人間の特定の行為を構造化するのだとしたら、技術開発には、社会秩序に貢献する行為の構造化に向けて、技術を設計する義務があると考えることもできるだろう。このように考えるなら、不慮の事故の責任のいくらかは技術にもあるということになり、技術開発者は、不慮の事故が生じた場合には、その義務を怠った廉《かど》で、その技術をより洗練させる(あるいは破棄する)ように法的に命令されることになるはずだ。

現行の法規制の中心的なテーゼであるヒューマニズムを割り引いて、人間と技術との関係を捉え直せば、結果的に、技術の危険性を議論するよりも、ずっと生産的に「安全」につなげていくことができる。その意味で、フィーンバーグが言う「技術の民主化」は本気で目指されるべきものである。

いみじくも「ミネルヴァのフクロウは夕暮れに飛び立つ」という言葉通り、法律は社会の情勢よりずっと遅れて整備される。当然、実情と法律のギャップが生まれるわけだが、もし、規制のために法律が先回りするのであれば、脱法的な抜け穴があちこちで生じることになってしまい、かえって社会に混乱を招くだろう。実際のところ、先回りは困難であり、効果的ともいえない以上、実情と法律のギャップを丁寧に埋めていく他ないのである。

要するに、私たちは、そのギャップを社会的な現実として引き受けなければならない。しかし、先に述べたように、人間だけではなく技術にも責任を負わせるように現行の法規制を組み替えることができれば、法律で禁止される以前に、企業倫理の問題として一定の線引きを行っていくことが企業努力として一層為されていくだろう。現在でも企業が高い倫理観を持ち、社会的な責任を積極的に果たすことは、企業価値の重要な要素であるが、企業が「自分たちが使っている技術にはこのような問題を引き起こす可能性があるので、その点に十分に配慮する」と明らかにしてサービスを提供することは、消費者が企業を選択する際の判断基準となり、結果として、企業の利益に結びつく。

ただし、そうした仕組みが有効に働くためには、技術がどのような問題をもたらすかということについての知識が不可欠である。その意味で、専門家ですら理解しきれない個々の技術に対しての〝リテラシー〟を持つことは不可能だとしても、技術と私たちの関係という、より大きな〝リテラシー〟を持つことが重要になってくる。それは、特定の技術が許容可能かどうかを問うのではなく、技術を利活用しながら生きていくための最善の方法には、どのようなものがあるかを問うためのものだ。

いずれにしても、今という時代が過渡期であることは間違いない。来るべき未来がどういう世界になっているかは、まさに今現在の私たちの選択が大きく左右することになるはずだ。次の章では、そのための手がかりを提示したい。

第四章　〈善く生きる〉技術

今という時代の「分岐点」

ここに二台のカメラがある。ひとつはマニュアルで、もうひとつは最新のデジタルカメラだ。好きな方を選んでいいと言われたら、あなたはどちらのカメラを使いたいと思うだろうか。

マニュアルのカメラの場合、二度と来ないその瞬間を切り取るには、撮る側に非常に高いテンションが要求される。どのような構図にするか、焦点をどこに置き、光をどれくらい当てるかなど、シャッターボタンを押す前に様々なことを考えなければならず、しかも、失敗は許されない。一方、デジタルはハイクオリティな写真が撮れるようにカメラの側が自動的に設定してくれて、さらにはあとからいくらでも修正可能だ。だから、撮る方はあまり考えることなく、どんどんシャッターを切ることができる。

どちらのカメラを選ぶかに「正解」はないし、また、技術自体の優劣ということでもない。決め手となるのは、「考える」という手間が省けることを「便利でいい」と捉えるのか、あるいは、それでは撮影者の芸術性を表現することができないと思うのかという、選ぶ側の感性だ。

カメラに限らず、どのような技術を選ぶのかは、「技術を使うか使わないか」ということ以上に重要な選択になる。ここまで繰り返し述べてきたように、「あたらしい技術」を完全にシャットアウトすることも、あるいはそのポジティブな側面ばかりを見ようとすることも、どちらも現実的な選択肢とは言えない。私たちはもはや、そうしたユートピア的な未来を夢見ることができるような世界には生きていないのである。

「あたらしい技術」を止めることができないのなら、私たちは「技術に対する態度」を選択するしかない。つまり、私たちはどのような技術を「使いたい」と選ぶのか、ということである。技術の開発が私たちをより依存させる方向で進んでいく中、技術に依存して生きていくこと自体は、もう避けられないと思った方がいい。その時、あなたは、どのような技術に依存したいと思うだろうか。

一度、技術が社会に普及した状態になったら、私たちは「もうそれ無しでは生きていけない」と依存状態から抜けられなくなる。それは、誰も解放を望まない社会であり、たとえ、その技術が悪用を意図したものだと気づいたとしても、もう後戻りすることはできない。その意味で、今という時代はまさに「分岐点」なのだ。

求めるのは「幸福」か「真理」か

技術自体は、私たちの思惑を超えて進んでいく。だが、技術をどう使うか、そしてどう使いこなすかは、社会的な雰囲気の問題であり、価値観がどちらに向かうかという選択によって決まっていくと言える。

単に技術に依存するのではなく、来るべき未来に向けてどのような技術を選び取るのか、それは、これからの技術と人間の関係のあり方を変えていくはずだ。そして、その選択を突き詰めるならば、「幸福」と「真理」のどちらを中心に置くのか、ということになるだろう。

基本的に「幸福追求」を目指して開発されている現在の技術は、ユーザーが意識する前から至れり尽くせりで、欲しいものや心地よい情報だけを提供する。そうすることで、ユーザーは、技術に依存していれば、自らが考えなくても求めるものが全部手に入るという、快適な環境に安穏としていられる。これが、ユーザーにとっての負担免除という利得となり、ユーザーがこうした利得を求めれば求めるほど、技術開発はますます「幸福追求」を重視して進められていく。

ここでの技術は、まるで免疫システムのように、ユーザーがそれに触れることが無いよう、嫌なことは全部はじいてくれる。だが、そうしたフィルターバブルの中にいては、いつまでも同じところに留まるばかりで、「真理」を知ることはできない。そもそも「リテラシーを身につける」とは、嫌なことも含めて様々なことを吟味し、自分で自分の考え方を修正していくということを意味する。これはまさに学習のプロセスであり、「真理」を知るためには、自分にとって不都合な真実も引き受けなければならないのだ。

また、長い時間をかければ、「真理」から「幸福」へと至ることは可能だが、「幸福」から「真理」にトリクルダウンすることはあり得ない。なぜなら、「真理」には「嫌なこと」も含まれるので、「真理」を知ろうとすれば「幸福」でなくなってしまうかもしれないからだ。幸せになることしか考えていない人が、幸せになれないかもしれない選択肢を選ぶことは、絶対にない。一方、「真理追求」の立場をとるならば、幸せでなくなっても知りたい、という選択が生まれてくることになる。

「幸福」と「真理」の違いは、自己啓発と哲学になぞらえることができる。自己啓発は「何か問題があっても、こういうふうに考えれば大丈夫」と、ひたすらポジティブに世の中をうまく渡るための処方箋を与えてくれる。そんなフィルターバブルにも似た免疫システムの中に留まっていれば、自分を不快にするかもしれない「真理」のウィルスからは守られ、安心してハッピーな気分でいられるだろう。

だが、「幸福」よりも「真理」を重視する哲学は、まさにウィルスがそこら中にはびこる世界を突きつけてくる。哲学を通してそんなウィルスに感染すると、自分が「幸福」だと思っていた世界が、ぐらぐらと不安定になり、そのままでは生きていけないような気分にさせられてしまう。それは「幸福」どころか、かなりの確率で不幸をもたらすかもしれない。ウィルスに感染しても生き延びられれば、哲学は免疫力を高めるワクチン代わりにはなるが、免疫はあくまで自分で獲得しなければならないもので、哲学自体が幸せになるための免疫システムではないのだ。

バカなままでいられるか

「幸福」と「真理」のどちらを求めるかは、こう言ってよければ、「バカなままでいたい」のか、それとも「より賢くなりたい」のか、ということを意味する。

いちいち考えるなんて面倒くさい、という人もいるだろう。別に賢くならなくてもいいから、考えるという負担を免除してくれ、楽で便利で快適なら何でもいい、それの何が悪いのか、と思うかもしれない。だが、それが本当に「便利」で「幸福」なのかどうかは、立ち止まって、考えてみてもいい。

そのための例として、機能別に様々な種類を揃《そろ》えた鍋のセットと中華鍋を比べてみることにしよう。日本で「便利」だと思われているのは、もちろん鍋のセットの方である。「煮る」「蒸す」「揚げる」といった用途に応じた鍋を使えば、鍋という道具の力で、ほとんど失敗なく美味《おい》しい料理をつくることができるからだ。だが、中国人に向かって「便利」だと鍋のセットを勧めたら、きっと笑われてしまうだろう。中華鍋がひとつあれば、「煮る」も「蒸す」も「揚げる」も「炒める」も、何でもできる。そのたびにいちいち別の鍋を出さなければならないなんて、そんな面倒なことはない、と彼らは言うはずだ。

このように、何が「便利」なのか、その意味するところは、一様ではない。鍋のセットは料理が下手な人でも美味しくつくることができるが、いつまでも鍋の力に頼り続けているばかりでは、料理の技術向上はあまり期待できない。中華鍋で失敗なく料理をつくるには、調理する側に高い技術が必要とされるが、そうした道具を使い続けることで、技術はより高められていく。

鍋という、ごく日常的な道具ひとつとっても、どちらを「幸福」と考えるかによって、選択は変わってくる。これからの技術に対しても、同じことが言えるはずだ。バカなままでいさせてくれる技術に依存することを「幸福」と思うのか、それを使うことで賢くなれる技術を選ぶのか。どちらの選択肢も、今はまだあり得る。

もし、多くの人が「真理追求」を求め、「どんなに便利でも技術に全面的に依存したくない」と言うなら、技術の開発や提供も、そちらの方向に舵《かじ》を切っていくだろう。こうした視点は、「幸福」一辺倒になりがちな、技術の開発者やサービスの提供者にこそ、本来必要なはずである。たとえ技術は「ブラックボックス」であっても、技術をどう運用するかが未来の社会を変えていくことは、もっと意識されていい。

日常の「システム」を警戒せよ

たまにケータイを忘れて出かけると、自分が何もできないような大きな不安にかられてしまう。しかし、その時、私たちは、日頃の自分がどれだけケータイに依存しているか気づき、それがケータイの使い方を見直すきっかけとなったりする。

第二章でも言及したように、特定の人との過剰な依存関係によって、自尊心が損なわれたり、支配関係が生まれたりすることを「共依存」と言うが、そこから抜け出すには、まず「自分は共依存関係にある」と自覚することが最大の処方箋となる。人間と技術の関係も同様に、自ら、依存関係にあることに気づくことが重要だ。

しかし、現在の「幸福追求」ばかりが目指される技術が進めば進むほど、技術はますます私たちの「内なる自然」となり、「こういうのもありだよね」と、自分が技術に依存していている自覚を持つことさえ難しくなっていくだろう。

私たちがいかに「内なる自然」と化した日常の慣性力にどっぷりと浸かっているか、止まったエスカレーターを例に考えてみよう。私たちの脳は「エスカレーターは動くもの」と思い込んでいるので、止まっているエスカレーターに遭遇し、自分の足で昇り降りしようとすると、何だか変な感覚を覚える。「止まっているエスカレーター」はただの階段と同じなのに、足元がぐらぐらと、覚束《おぼつか》なくなってしまうのだ。

だが、そんな「違和感」を抱くことを避けてはいけない。その「違和感」がなければ、私たちは、「エスカレーターは動くもの」という固定観念に捉われたまま、エスカレーターに乗ってどこかへ運ばれていく日常に慣れきっていくだけだ。けれども、エスカレーターは動くだけではなく、時には止まることもあると知っていれば、エスカレーターが止まっても戸惑う必要はなく、普通に昇ったり降りたりすればいいということが分かる。

日常のシステムのルールを守ることはひとつの規範ではあるが、それが単なる思考停止になってしまうのは問題だ。海外に行くと、多くの国で、信号が赤でもかまわずに、人々が道を横断している光景を目にする。彼らは、信号というシステムを信頼しておらず、システムのルールは守らないが、その分、事故は自分の責任なので、最大限の注意を払って道を渡ろうとするため、意外と事故は少ない。一方、日本では、車がまったく通っていない道でも信号が赤なら律儀に止まって待っている人がほとんどだ。だが、普段、信号というシステムに頼りきっているので、信号がないところを渡ろうとすると、事故にあってしまったりする。

便利だからと、私たちは技術に依存しているが、その便利さは「あなたのため」ではなく、真の目的は、提供する側のコストカットということもある。何の疑問も持たずに、日常のシステムに全面的に依存して浸りきるばかりでは、ベルトコンベアのようにどこかに連れて行かれる世界が待っているかもしれない。ときには「エスカレーター」を止めてみて、それで感じる「違和感」を手放してはいけない。

私たちの行動がビッグデータを変える

いずれにしても、技術に依存する社会へと向かう、大きな時代の流れから解放されることはないだろう。もしかしたら、「幸福」か「真理」かという私たちの選択自体、技術によってそう思うように働きかけられた結果であって、所詮は「お釈迦さまの手のひらの上にいる」だけなのかもしれない。しかし、それは必ずしも、フィルターバブルに完璧に取り込まれた、閉じられた世界とは限らない。

事実、私たちはまったく無力というわけでもない。些細《ささい》なものであっても、私たちが日々行う決断や行動は、やがて世界を変えていく可能性を秘めている。

なぜなら、「あたらしい技術」のベースとなるビッグデータは、要するに私たちの行動履歴が積み重なったものだからだ。これから、私たちは今以上にありとあらゆるパーソナルデータを分析され、さらに膨大でさらに精緻なビッグデータが集積されていくだろう。そして、未来の社会がそうしたビッグデータを基盤に構想されていくのであれば、そこで活用される技術は、パーソナルデータという私たちの行動に依存するということになる。つまり、私たちの決断や行動のひとつひとつがビッグデータに影響を及ぼし、フィードバックのあり方を変えていくということだ。

ケータイを持たない人は「変人」ではない

技術に「幸福」という「免疫システム」を求めるのか、それとも「真理」を求めて、自ら免疫を獲得するのか。

私たちの選択によって、技術が向かう方向性はまったく違うものになる。何でもやってくれるＡＩに頼ればいい、と誰もが思えば、技術はその求めに応じて、ますますユーザーが主体的に考えなくてもいいように、先回りしたサービスを進化させていくことになるだろう。

　いわば、相乗効果で、技術への依存が補強されていくわけだが、単に選好を充足させるだけでは、便利ではあっても、社会の豊かさにはつながらない。バグのないシステムがそれ以上進化しないように、「みんな同じ」という単一性の社会はやがて行き詰まることになるだろう。そこで、どのように選好を多様化させるか、ということに意味が出てくる。

　不自由ではあっても技術に依存したくないという人の意志が、依存したい人が多数を占める社会の圧力によって消されてしまわないようにするには、どうすればいいのだろうか。

　技術への依存ということで言うならば、ケータイやスマホは「これがなくては生きられない」と、多くの人が手放せなくなっている技術の筆頭だ。総務省が発表した平成二七年版「情報通信白書」によると、日本の携帯電話・PHSの普及率は九四パーセントを超えており、実際、今の世の中では「贅沢品《ぜいたくひん》」ではなく、事実上の「生活必需品」である。そんな中で、ケータイを持っていない人は、しばしば、一種の「変人」と思われがちだ。

　一方、シリコンバレーのIT企業経営者たちが、依存状態になるのを警戒して、自分の子どもたちにはスマホやタブレット機器を早い時期から持たせないようにしていると聞くと、「それって、かっこいい」「自分も子どもに早くからスマホは持たせないようにしよう」などと思ったりする。しかし、もしシリコンバレーの経営者たちが「かっこいい」のであれば、スマホを持たない人たちも、「みんなが便利だと思って使っているものを、あえて使わない不自由を選ぶ」という意味では、やっていることはほとんど同じではないだろうか。「変人だから」ではなく、「あえて不自由を選ぶことが、かっこいい」、だから「自分もケータイを持たずにいられるようになりたい」と人々が思うようになれば、「ケータイを持たない」のは「変な人の選択」から「リッチな選択」に変わっていく。

改めて考えてみると、「リッチ」であるということは、不自由な面倒くささを生活様式に取り入れることでもある。たとえば、一皿にカレーとご飯を一緒によそうのではなく、それぞれ別の容《い》れ物《もの》でサーブし、食べる人間が、自分で「これぐらいの量」と決めて、カレーを別皿のライスにかけたりするような供し方にも、「面倒くさい」以上の意味がある。別々に供されるカレーは、自分でカレーをかけたり、どれくらいの量をかければいいのか考えたりしなくてはならず、誰かが勝手に量を決めてよそったカレーを食べるよりも手間がかかる。しかし、その代わりに、カレーの量を自分の好きなようにコントロールする自由が、そこにはあるのだ。

大事なのは「かっこいい」という価値観

あるいは、ハイテク化が進んだ、未来のレストランを想像してみよう。椅子に座れば、注文する前に、その人の嗜好にぴったり合った料理がセンサリングされて提供され、客は「そうだ、これが食べたかったんだ」と、出てきた料理を受け入れる。味もそれなりにレベルが高いので、「まあ、こんなものか」と、客はほどほどに満足して店を出るだろう。

このような店で料理をつくったり、サービスを担当したりするのは、もちろんロボットだ。徹底的にコストカットされているので、その分、値段は安くなっている。客にとっては、メニューからいろいろ考えて注文するという手間を省くことができ、食べたいものを安く食べられて、良いことずくめということになるのだが、そもそも「安く食べられる」ことからして、こうしたスタイルのレストランは「リッチな選択」と見なされにくい。

では、ハイテクレストランとは真逆の、次のようなレストランはどうだろうか。店にいるのはロボットではなく、最上級の技術を持つ人間のシェフ、そして、やはり最上級のサービスをする人間のスタッフである。客は、シェフが工夫をこらした多種多様なメニューの中から、あれこれ考えて、今日食べる料理を決め、サービススタッフに注文を口頭で伝える。シェフがつくる料理は、客の想像を超える素晴らしい味わいで、「こんな味があったのか」という大きな感動をもたらすかもしれない。そんなふうに「人間が人間をもてなす」のは人件費がかかるので、もちろん値段は高くつく。しかし、自分で料理を選んだり、注文したり、スタッフと会話したりという「面倒」を引き受ける「価値」は、ハイテクレストランが普及すればするほど、希少価値として高められ、そうした店で食事をする人間は、ハイテクレストランにはない、リッチな気分を味わうことができるだろう。

「人が人をもてなす」ことに効率重視のものさしだけを当てはめれば、私たちはハイテクレストランしか選べない社会に生きていくことになる。だが、便利さばかりを追求していくと、いずれ世の中の飲食店はハイテクレストランばかり、ということになってしまうだろう。

社会の仕組みをつくっていくのは、「便利であるか不便であるか」のさらにその上の次元で、「社会的にかっこいい」「おしゃれ」「リッチ」という価値観に負う部分が大きい。あえて技術に依存しない不自由を積極的に選ぶことが、かっこよく、おしゃれで、リッチであると認識される社会の方が、誰もが「バカのままでいい」と思う社会より、ずっと多様で豊かではないだろうか。

「つながりっぱなし」のストレスから逃れるには

私が考える来るべき未来のイメージは、真理追求を目的とした技術を徹底的に使い倒す世界だ。たとえば、技術とつながらずに「アンプラグド」になるためには、スマホを捨てるのではなく、逆に、最先端のハイパーマルチ空間を活用するのである。

つまり、「あたらしい技術」との関係は、個人の努力に負うものではなく、技術を駆使しながらどのような社会をデザインしていくかが鍵になる。スマホひとつとっても、個人個人の意志で使い方をコントロールするのは難しい。家族や恋人など、大切な人といる間もついついスマホをいじってしまうことに、罪悪感を抱いている人もいるだろう。若者たちの間では、「あなたとの時間を大切に思っている」ことを伝えるために、デート中に相手の目の前でスマホの電源を切ることがマナーになっているそうだが、そんなマナーが生まれるほど、自分の意志でアンプラグドになるハードルは高い。これはスマホに限らないが、依存状態に陥っている人が自分から関係を切ることは、とてつもなく困難であり、「やめたい」と思ってやめられるなら、それはその程度の依存だったということである。

スマホやメールは、私たちの生活を便利にした一方で、「つながりっぱなし」という、これまでに無かったストレスをもたらしている。たとえば、日本では、家にいても、あるいは休暇中でも、仕事のメールが送られてきたら、多くの人はそれにすぐ答えようとするだろう。そうした生真面目さを美徳とする価値観は、「いつでも、どこにいても、仕事が追いかけてくる」という状態につながり、絶え間ないストレスや過労を引き起こすことになりかねない。

だが、いつも「つながりっぱなし」ではなく、必要に応じてオフにする仕組みは、技術的には十分解決可能であり、それを使うかどうかを決めるのは、私たちの価値観次第だ。実際、休暇中は仕事のメールが来ても「休暇中」であることを伝える自動返信メールを送ることができる技術は、既に多くの民間企業が導入している。また、フランスでは二〇一七年一月一日以降、労働者に「オフラインになる権利」を与える画期的な法律が施行され、従業員五〇人以上の事業所を対象に「勤務時間外は仕事のメールを送受信しなくてよい」と認められるようになった。この法律が非常に興味深いのは、「メールを確認する」「返信する」といった業務上のタスクを、明日の就業時間へと先送りすることが法的に要請されている点にある。

これまで是とされてきた「即時性」の向上は、生活圏に仕事が侵食し、多くの弊害を生じさせてきたわけだが、フランスにおけるこの法整備は、そうした現状に対し、いわば「スヌーズ機能」を制度として実現させたことになる。個人の利得向上という観点からすれば、非常にラジカルと言えるが、適切な時間帯へのタスクの先送りによってアンプラグドな状況をつくり出すことは、ワークライフバランスの実現という意味でも、今後、非常に重要な要素となるだろう。現段階では、メールの内容をユーザー自身が判断し、スヌーズ設定をしているが、近い将来には、メールに限らず何らかのフォーマットで受信したタスクに対して、AI関連技術を核とするAIアシスト機能が内容を判断し、自動的にスヌーズ設定するサービスも登場すると思われる。

今、私たちの身の回りにある技術は、「つながりっぱなし」を優先して開発されているわけだが、その弊害が意識されていくようになると、「オフライン」をアピールすることで差別化を図る技術が必ず出てくるだろう。たとえば、デートのときにわざわざ電源を切らなくても、自分が大切だと思う相手との距離が何メートル以下になったら強制的に両方のスマホの電源が落ちるシステムが実装されれば、使いたいと思う人が大勢いるかもしれない。デートだけではなく、食事中や隙間時間についスマホを触って予想外に長い時間を過ごしてしまうケースなどでも、決まった時間帯にはオフになるようなシステムがあれば、スマホを見るのを控えたいが自分の意志で電源を切るのは難しい、というユーザーにヒットするはずだ。もちろん、オフされている間でも、必要なときには電源を入れられる機能が必要だが、こうした「強制的・自動的にオフする仕組み」は、単に「食事中はスマホをやめましょう」と呼びかけるよりも、はるかに有効である。

「身体拡張」という技術革新の行方

とりあえず、今はまだ、「つながりっぱなし」という依存から抜け出せる可能性はゼロではない。スマホを物理的に離れたところに置くなどして、自分から切り離すことができるし、あるいは、意志の力でスマホを見る時間を減らしている人もいるだろう。

しかし、いずれそうした素朴なやり方でアンプラグドになることもできなくなるかもしれない。人間の脳がインターネットにつながれる『攻殻機動隊』の世界のように、脳にチップを埋め込んで、いわばスマホが生身の人間に常時接続されている状態をつくり出すアイディアは、今やSFではなく現実のアイディアとして語られ、テスラや「SpaceX」のCEOイーロン・マスクが提唱する「ニューラル・レース（脳に電極を装着するシステム）」など、そのための技術開発も進められている。

マスクの主張によれば、人間の脳へのインプットは五感に制限されその処理能力の多くを発揮できずにいるので、電気的な手段で脳と外部的デバイスを直接つなぎ、脳の入出力の情報量を拡大してやることにより、脳はこれまでよりはるかに大きな処理能力を発揮するという。だが、そのような、一種の「超人」になるための技術が実装化されれば、私たちには、オフラインになるという選択の余地すらなくなってしまう。

イスラエルの歴史学者ユヴァル・ノア・ハラリはその著書“Homo Deus: A Brief

History of Tomorrow"で、近未来において、私たちがＡＩとの融合を果たし、精神的・肉体的に人間を超えた存在「ホモ・デウス」になる可能性について語っている。つまり、遺伝子工学などの生命科学とサイボーグ化を含む情報技術が、いずれは「死」ですらも、私たちが意欲し選択するものに変えていくことになるだろう、ということだ。

ハラリが言うように、目下の技術革新のゴールは、私たち人間が自らの手で人生の終《しゅう》焉《えん》を選択したり、あるいは「人間存在」そのものを終わらせたりする未来だ。実際、「身体拡張」という理念に基づく人間とＡＩとの融合は、「Siri」のようなパーソナル・アシスタント機能に会話型インターフェースで常時接続されている状態として、既に実現段階にある。現段階の「身体拡張」は、私たちが自身の諸能力を最大限活用できるようにすることを目指しているが、近未来においては、人間が持つ能力を基礎から底上げすることを目指すことになるだろう。

しかし、「身体拡張」には限界があることも明らかになりつつある。認知心理学の研究によると、人間（の脳）が有する現在の能力は、パーソナル・アシスタント機能がもたらすマルチタスクな新しい生活スタイルを実現する技術を存分に使いこなすだけの意志力や集中力を持ち得ていないことを示している。たとえば、「Siri」を聴きながらの運転は事故リスクを四倍に高めるとの結果が出ており、「Siri」と同時にラジオに耳を傾けることですらうまくできないことが分かっている。これらの原因は、心理学者が言うところの「非注意性盲目」によるものであり、要するに、私たちは、何かひとつのタスクに気をとられると、他のタスクを十分に処理できなくなるのだ。イヤホンなどの会話型インターフェースを装着し、ＡＩアシスト機能と常時接続されている状態は、「ハンズフリーで直感的に複数のタスクを処理できる」というよりも、むしろ常に何かに意志力や集中力を奪われ、あらゆることが中途半端になる可能性が高い。

「ハイパーマルチ環境」がアンプラグドを可能にする

「ホモ・デウス」に至る「身体拡張」の理念に対し、感覚的に違和感や嫌悪感を抱く人もいるだろう。だが、そのために技術の恩恵までも諦めるのは「産湯と一緒に赤子を流す」ようなものだ。もし人間（の脳）の限界が「身体拡張」の理念を行き詰まらせるのだとしても、技術の恩恵を得るための方法は「身体拡張」だけとは限らない。

そもそも、ニューラル・レース的概念の背景には、これまでの情報技術のベクトルである、「即時性」と「帯域拡大」の追求がある。つまり、情報はより早く・より多く伝わるほど良い、という価値観だ。また、この価値観は、情報を受け取り・判断を行う主体は、私たち人間であるとの想定に依拠している。しかし、ＡＩアシスト機能によって、様々な状況判断が代理可能になれば、より多くの情報をより早く自分自身で処理しようとするアプローチはあまりに前時代的と感じざるを得ない。

ＡＩ関連技術による人間の活動のアシストは、技術の運用次第で、即時性と帯域拡大の追求に終わりを告げ、新たな方向性を切り拓《ひら》くものになるだろう。そこでは、脳がマシンに接続されることはなく、「マン・マシン・インターフェース」の新たなデザインがもたらされ、その入出力の限界をＡＩアシスト機能が補助する「アンプラグド・コンセプト」が実現されていく。たとえば、人間（の脳）の限られた意志力や集中力を念頭に、タスクを時間や場所に応じてうまく配分する仕組みを考えることもできるはずだ。そして、そのような仕組みを構築することは、常時接続という負荷から私たちを解放することにもなる。

今でさえ、「つながりっぱなし」の状態に強いストレスを感じているというのに、「身体拡張」的な常時接続の世界に、私たちが耐えられるかどうかは疑わしい。しかし、私たちが技術に依存することなしに生きていけない以上、より必要とされるのは、生身の人間と技術を融合することでさらなる便利や能力を獲得させる「ホモ・デウス」的「足し算」の機能ではなく、どこまでも寄り添ってくる技術から時に切り離される「引き算」のための機能だと言えるかもしれない。「自然に帰れ」的な発想とは真逆の、オフするための技術を徹底的にハイテク化していくことで、技術への依存状態から抜け出す可能性を探るべきなのだ。

私たちを自由にする「引き算」の思考

「アンプラグド・コンセプト」の基本的理念は「常時接続からの解放」、すなわち「身体拡張」から「環境拡張」への転換と、「非注意性盲目（視野に入っている対象が、注意を向けないことで「見えなくなる」現象）の緩和」、すなわち複数タスクの同時的な処理から時空間的な再配分への転換を目指すものだ。情報関連技術の発達により、私たちは今や四六時中、誰かや何かとつながっている。それに伴い、覚えておかねばならない事柄も激増し、判断せねばならないことも複雑になっている。そうした社会生活を念頭に置けば、私たちの負担軽減のためには、「ワーキングメモリ（能動的な情報操作に関わる短期記憶）」を使用する頻度や容量を減らす工夫が必須である。

実は、ＡＩは、そうした「引き算」のための機能にも大いに活用可能であり、たとえば、自動化、全部記憶（記録）、スヌージング、定額化（サブスクリプション）などは、ワーキングメモリを低減させる仕組みとして包括することができる。また、目下の情報化社会が、ＩｏＴをはじめとして様々なものをネットに接続しようと試みている方向をさらに推し進め、私たちを取り巻く「環境」そのものを情報端末として拡張すれば、「環境」が私たちをセンシングし、その結果をネット上のＡＩアシスト機能に送ることで、私たちは身体を拡張することなく、技術の恩恵に与れるようになる。

たとえば、二〇一六年から試験運用され、二〇一八年一月にアメリカのシアトルで正式にオープンした「amazon go」は、そのひとつのモデルケースと言えるだろう。この近未来型の「スーパー」では、顔認証などの解析技術にＡＩが活用され、レジを通さずとも、客は買い物ができるようになっている。まるで万引きしているようだが、商品を手に取っ

図５　センシングされたスーパーマルチな環境のイメージ

てそのまま店を出れば、その代金が自動的にアプリに課金されるという仕組みだ。「amazon go」のような空間は、他でも応用可能であり、あとは実際にサービスに落とし込むかどうかというだけの話である。

「amazon go」のように、あらゆることがセンシングされたスーパーマルチな環境をつくりだし、その環境に出たり入ったりすることで、自分が好きなときにオンとオフを選べるようにすれば、強い意志の力がなくても、技術への依存状態から抜け出すことができる。たとえば、家の中で、センシングされて便利なサービスを享受できる部屋と、まったくそうした技術が使われていない部屋とがあれば、センシングされた部屋を一歩出れば、まるで電気のスイッチをつけたり消したりするような容易さで、アンプラグドになれるというわけだ。

このようなシステムが一般化されていけば、ある時には技術を使い、ある時には使わないという選択が可能になり、「つながりっぱなし」の技術にただ使われるのではない「技術との関係」が見えてくる。そしてそれは、「ホモ・デウス」に代わり得る、私たちをより自由に、より賢くするための、もうひとつのビジョンとなっていくはずだ。

第五章　失うことで未来は開ける

AIに「心」は必要か

私たちは、「あたらしい技術」が変えていく未来の入口に立っている。しかし今はまだ、あまりにも目まぐるしい「あたらしい技術」の進化のスピードに翻弄され、何をどうしていいかすら分からないというのが実情だ。本書ではこれまで、少しでも視界をクリアにするべく、来るべき未来の見取り図を示してきたわけだが、「あたらしい技術」と私たちの関係を突き詰めていくと、ひとつの大きな命題に向き合わざるを得なくなる。それは、ハイデガーが技術論で展開した、「人間とは何か」という問いだ。

これまで人間が使ってきた技術とは異質の、「あたらしい技術」が持つ、どこか得体の知れない感覚が、私たちに不安を抱かせている。そうした不安が引き起こす一種の反動として、「人間性」の価値が強調されることも多い。しかし、「あたらしい技術」と私たちの関係を考えていくとき、ことさら「人間性」を持ち出すことには落とし穴がある。

どんなにAIが進化しても人間にしかできないことは何かという議論の中で、最終的に引き合いに出されるのは、「愛情」「思いやり」などの感情だ。「人間には心があるがAI

には心が無い」と言いたくなる気持ちは分かるが、論拠としてはあまり有効とは言えない。

たとえば、医療ロボットと人間の医師が手術をしてミスをする確率は、もしかしたら、医療ロボットの方が低いかもしれない。いくら人間の医師に「心」があり、「手術は失敗したけれど、あの先生は一所懸命やってくれたから」と気持ちを慰めることができるのだとしても、それは一種の言い訳である。心があろうが無かろうが、本来求められるべきは、手術の成功のはずだ。患者にとっては、手術の成功率がより高く、さらに人件費などのコストを安く抑えられるのであれば、「心が無い」ＡＩに手術してもらった方がいい、ということになるのではないだろうか。

あるいは、どんな名医でも死んでしまったらその技術は再現不可能であるのに対し、ＡＩならいくらでも同じレベルで手術を行える、というメリットもある。そう考えていくと、なまじ心を持ち出すことで、かえってＡＩの優位性が際立つということになってしまうだろう。

ＡＩは絶対に間違わないと神格化するのは問題だが、「ＡＩがこんな恐ろしいミスをする」「だからＡＩは怖い、使わないでおこう」と一足飛びに否定するのは無理がある。要は飛行機と車のようなもので、どちらも事故が起こり得るし、飛行機の場合は車以上に重大な結果になりかねない。それでも人が飛行機に乗るのは、車で長距離を移動するより、飛行機の方が楽で安くて速いからだ。

そもそも、仁愛論的に、まず共感や思いやりといった感情を土台に置く社会設計は、今ではハードルが高過ぎてあまり機能するようには思えない。心は無いよりもあった方がいいかもしれないが、今、必要なのは、それ抜きでも何とかなる設計の方である。

現実の社会は、道路の右と左のどちらを通行するかなど、心など関係なく働いている仕組みが少なくない。法哲学者のジョセフ・ラズが『自由と権利』などで論じるように、国や政府が政策を決定するとき、道路の通行をどちら側にするかなど、どちらに決まっても誰も困らないものであれば、独断で決めてしまっていいと言える。どちらでもいいものにまで心を求めるのは、かえって混乱の元になりかねない。心ではなく、逆に技術を社会設計の土台に据え、そのプラスアルファの部分として心を置く方が社会の仕組みはうまく機能するはずだ。

第二章で述べたように、私たちが心を求めれば求めるほど、技術は「心のこもった」サービスを提供しようとする。場合によっては、人間よりもＡＩの方が「思いやりに溢れている」と感じさせるほど、過剰に心を演出していくだろう。その中には思いやりや「誰かを愛する」といった、「人間らしさ」も当然含まれる。今後、人間とＡＩが恋愛関係になることも十分起こり得るし、もしかしたら人間よりもＡＩの方が思いやりに溢れた道徳的態度をとるようにさえなるかもしれない。

その意味で、私たちが警戒すべきは、むしろ「心ありき」の価値観だと言える。しかし、もはや心が問題にならないのであれば、私たち人間のよりどころは、いったい何になるのだろうか。

問われるのは「人間とは何か」

「知能」を獲得すべく開発が進められているロボットやＡＩは、「人間らしくなる」ことをひとつの目標に、「人間性」に挑戦し続けている。だが、かつて人間を似姿とした神が自己完結した完全なる存在であるのに対し、ロボットやＡＩは全知全能でも完全無欠でもなく、まさに人間がつくっていかなくてはならないものだ。それこそ神ではない人間は、間違いも犯すし、試行錯誤し続けていくしかない。ロボットやAIによって反射された人間像をどう映し込むか、私たちは常に選択を問われることになる。

だが、「人間とは何か」「人間らしさとは」と問われて、明確に答えられる人はどれだけいるだろうか。「人間性」の中身はいわばブラックボックスであり、「人間とは何か」という定義は時代が進むにつれて、大きく変化してきた。たとえば、古代や中世では、奴隷は人間とは見なされなかったし、女性に参政権が与えられ、一人前の「人間」として社会的に承認されるようになったのは、二〇世紀に入ってからのことだ。他にも、「道具を使える」「コミュニケーションができる」といった、人間ならではの特徴と考えられてきた能力も、生物学をはじめとする科学の知見によって、今では、サルやイルカなどの他の動物にも同様の能力があることが確認されている。また、人間とチンパンジーの遺伝子は約九六パーセント一致しており、実際にチンパンジーには人間の四歳児程度の知能があることも明らかになっている。そのため、なぜチンパンジーは人間と違って檻に入れられるのかと、人権ならぬ動物の権利（アニマルライツ）を考える必要が生じている。

このように、人間の「定義」は次々に塗り替えられてきたわけだが、これからAIが人間にどんどん近い存在になるのであれば、「人間にできてＡＩにできないことは何か」という境界線は今以上に曖昧になっていくはずだ。

つまり、「もっと人間性を大事にしよう」と、人間の価値を強調すればするほど、人間性を獲得しようとするＡＩの価値もまた高められ、人間とＡＩの区別がつけられなくなるということだ。いっそ、ＡＩが人間に反逆的な態度をとれば、人間との違いははっきりするかもしれないが、いずれにしても、境界線を引くのは人間ではなくＡＩの方である。だとすれば、「人間ならではの価値」はますます見えにくくなり、「人間とは何か」という問いは、回答不能のまま放置されるしかない、ということになる。

ＡＩが人間の「定義」を変えていく

鏡に映し出されなければ自分の姿が見えないのと同じで、人間は「内側」から自分を知ることはできない。近代以前であれば、人間は神という、全知全能の「外側」の存在に自らを映し込み、神との関係において、自らの本質を把握しようとしていた。しかし、神が退場した現代においては、ロボットやＡＩがその役割を担いつつある。人間にできてロボットやＡＩができないことは何か、と対比することを通して、私たちは人間を理解しようとしているのだ。

ロボットやＡＩに反射される人間は、いったいどのようなものだろうか。たとえば、ドイツの哲学者ライマール・ツォンスが、その著書『人間の時代』で論じるように「人間とは、人間のデータの総計」なのかもしれない。「私たちはそんな機械のようなものではない」という違和感は、もしかしたら人間がつくってきたひとつの「防御壁」であり、単に「機械」と認識しないようプログラムされているだけ、という可能性さえある。奇《く》しくも、コンピュータ概念を初めて理論化したイギリスの数学者アラン・チューリングは、「紙と鉛筆、消しゴムを装備し、厳格な規律に服する人間は、事実上ひとつの普遍機械である」と言っている。コンピュータなどの情報処理機械が人間を真似て創造された時代はもう過去のもので、今や人間の方が情報処理機械として理解されるのだ。

機械と人間とが互いのメタファーになっている様からは、「人間とは何か」という問いに対して、とても興味深い逆説が引き出せる。この項の冒頭でも述べたように、既に神は退場し、私たちは自らの似姿としてのＡＩが神に取って代わる未来に思いを馳《は》せるようになった。しかし、そんな私たちの思惑から離れて、ＡＩは神の代役になることから退場してしまいそうである。二〇一七年五月、「Google Brain」の研究者らが「自らの力で新たな人工知能をつくり上げるＡＩ」である「AutoML」の開発に成功したと発表し、さらに「AutoML」がつくり上げた「子ＡＩ」はこれまで人間がつくり上げたＡＩよりも優れた性能を持っていたことが判明した。イタリアの哲学者ヴィーコの「真なるものとつくられたものとは置き換えられる」という著名な命題の意味するところは、人間は自分のつくったものしか理解しないということである。私たち人間の理解を超えるＡＩは、もはや私たちの似姿ではあり得ない。

そう考えると、私たち人間はとてもシニカルな存在だ。一方では、「人間なるもの」を維持しようと神やＡＩとの比較を通じて一所懸命に正当化することを試みながら、他方では、まさにその試みが「人間なるもの」という概念を破壊し続けているのだから。こうした事情を踏まえると、「人間とは何か」という哲学的な問いの答えは、やはり哲学的なものにならざるを得ないようだ。すなわち、「人間とは、人間であることをやめたがっている存在だ」、と。

失うことで可能性は開ける

常日頃、私たちは「人間は特別な存在だ」と思っているが、だからこそ、ＡＩの進化を「自分の特別な地位を脅かす脅威」と捉える。しかし、技術の進化により、サイボーグや「感情を持つ」ロボット、あるいは遺伝子操作で「プログラム」された人間が私たちの身の回りに存在するようになり、クラウド上のＡＩと恋愛関係を持つことも普通になったとしたら、これまで「人間らしい」「人間的に価値がある」という言葉で表現されてきた「これが人間だ」という概念は、大きく変わっていくだろう。「あたらしい技術」が明らかにする人間の「真実」は、従来の人間観を大きく揺さぶり、「特別な存在」という人間のアイデンティティを失わせていくかもしれない。

だが、「人間とは克服されるべき何者か」というニーチェの言葉のように、これまでの歴史の中でも、人間は一種の「脱中心化」によってアイデンティティを失いながら、新たな可能性を獲得してきた。コペルニクスは、人間がいる地球が宇宙の中心だという考え方を否定することで、地球は太陽の周囲をぐるぐる回っているただの惑星に過ぎない、という「真実」にたどり着いたし、ダーウィンは、人間は「神の似姿」という特別な存在という価値観を捨てて進化論を唱え、人間を「ただの動物」に格下げした。そして、「人工知能の父」と呼ばれるアラン・チューリングは、人間と違和感なくコミュニケーションできる機械は「知能」を持つと論じて、人間の知能を情報処理機械と同等にしてしまった。

人間が世界の中心ではないという「真実」が明らかになることで、地動説や進化論や人工知能といった新たな可能性が見出され、社会は発展してきたと言える。だとすれば、私たちもまた、次の可能性を得るために、何かを失わなければならない。どうせ失わなければならないのなら、一方的に失うのではなく、それによって新たな何かが生まれるようなかたちで失うにはどうすればいいかを探るべきだろう。

そのためにも、私たちは世界に開かれていなければならない。

「世界開放性」は、マックス・シェーラーに始まる哲学的人間学の中心的論題である。哲学的人間学では、人間は他の動物と違い、生まれてすぐに環境に適応して生きていくことはできない欠陥動物だと考える。本能に従って環境に適応することができない代わりに、人間は他の動物にはない自意識を持ち、今の自分とは違った自分でいたいと思う欲求を抱く。そして、環境に本能的に依存するだけでなく、環境を高次にコントロールしようとし、言語や社会といった防御壁をつくり出して自らの欠陥を補いながら、どんな環境に置かれても何とか生きていこうとする。そのように世界に開放されている生き物であるからこそ、人間はこれまで生き延びてきたと言えるだろう。

これから「あたらしい技術」は、私たちが思いもよらない「あたらしい人間」の姿を映し出していくかもしれない。しかし、明らかにされる人間の「真実」がどのようなものであっても、世界に開かれていくことで、新たな可能性が見出されるはずだ。フィルタリングバブルという閉じられたままの世界でいくら幸福を追求していても、そこからは何も生まれない。開かれた世界で、ときにはノイズや不都合な「真実」からも学びながら、私たちは未来への扉を開くのだ。

おわりに

時代の変わり目には、警戒心や期待感から、次の時代に対する否定的ないし肯定的な言説が量産される。それらの言説の中には、誇大妄想からなる臆断もあれば、時代を見通す優れた診断もある。とはいえ、それらを判別するには、時間の経過を待たねばならない。情報通信技術のハイテク化を背景に、情報社会の本格的な到来が告げられたのは一九九〇年代半ばであったから、情報社会に対する当時の言説は、そろそろ腑分《ふわ》けされてもよい頃合いだろう。

情報社会の最初期を彩ったのは、ある種のユートピア思想（サイバー・リバタリアニズムやサイバー・アナキズム）であった。それによれば、ネット空間は、国家的な規制を廃した自由な社会の領域である。ネット空間を拓く技術は、多くの可能性や自由を構成するものとして大いに期待されたのだ。アメリカの詩人ジョン・ペリー・バーロウが一九九六年に表明した「サイバースペース独立宣言」などはその最たるものだ。しかし、アメリカの法学者ローレンス・レッシグはそのように考えてはいなかった。彼によれば、ネット空間を拓く技術、より正確にはプログラム・コードは、可能性と自由を構成するというよりも、ネット空間を事業として展開する大企業の都合により、むしろ私たちの行動を強力に規制するものになり得る。レッシグは、プログラム・コードは企業によって私物化された「法」であり、それゆえに、ネット空間を拓く技術に多くの可能性や自由を構成する役割を期待するなら、むしろそれには一定の法規制が必要だと説いたのである。

本書にとって、ユートピア思想に対するレッシグの応答が興味深いのは、彼が可能性や自由に対する技術の構成的な役割を念頭に、その利活用のためにこそ法規制を必要としたことである。レッシグの立場は、技術に対する素朴な待望論でも脅威論でもないのだ。

ところが、技術の構成的な役割といった論点やレッシグの問題提起は、二〇〇〇年代前半には彼の議論が熱心に参照されたにもかかわらず、日本ではその意義が十分に汲《く》み取られずに断片的に受容された感がある。というのも、批評家や哲学者などは、レッシグに言及しながら、情報社会における技術の支配的な権力が、私たちを知らないうちに方向付け、主体性を侵食する可能性に警鐘を鳴らしたし、そうした議論に対して、社会学者や法学者たちは、やはりレッシグに言及しながら、技術が、ルールやそれを遵守する理性的な主体を必要とせずに社会秩序を産み出す可能性に言及していたからである。

前者には「脅威論」の性格が、後者には「待望論」の性格が見て取れる。両者は一見して相反する性格を持つようだが、私の見るところ、両者には共通の前提がある。社会を営む人々は理性的でも自律的でもなく、もはやそれらを求めてすらいない、という時代認識がそれである。この前提のために、前者は、技術の支配的な権力がどこまでも貫徹する社会を半ば諦念して描き、後者は、それでも社会秩序が維持される技術の威力を言祝《ことほ》いだように思われる。

時系列的に見れば、前者の「脅威論」は、後者の「待望論」に取って代わられたと言えるが、後者の「待望論」を押し上げたのは、二〇〇〇年代後半に登場し、脚光を浴びた行動経済学の「選択アーキテクチャ」論および、その下位概念である「ナッジ」であったろう。これらは、行動経済学者のリチャード・セイラーとキャス・サンスティーンによって提唱されたものだ。彼らによれば、選択アーキテクチャとは、「選択者の自由意思にまったく（あるいはほとんど）影響を与えることなく、それでいて合理的な判断へと導くための制御あるいは提案の枠組み」であり、ナッジとは、「特定の選択肢を排除したり、インセンティブを大きく変えたりせずに、当人の利益になるように個人の選択に影響を与える」仕方のことである。

彼らのこのような概念は、後者の「待望論」と軌を一にするものとして理解された節がある。確かに、これらの概念は、認知心理学や社会心理学の研究成果を踏まえつつ、私たちの非理性的な傾向性を逆手に取ることで、望ましい結果を達成することに主眼がある。それゆえ、アムステルダムのスキポール空港が、「人は的があるとそこに狙いを定める」という分析に基づいて、小便器にハエの絵を付けるというナッジを施し、清掃費を八割も削減することに成功した事例などは、後者の「待望論」から見れば、人間の理性への意志ではなく、技術こそが秩序問題解決の鍵であることを証明するものであったに違いない。

しかし、サンスティーンらの構想が、様々な行政分野において、どれほど高い政策的効果を上げたとしても、それは何ら悪用や濫用が為されないことの保証にはならない。当然ながら、選択アーキテクチャやナッジの有効性は、善用に限ったことではないのだ。このことは、もちろん彼らも承知している。そのため、サスティーンは、「ナッジには透明性や可視性が不可欠であり、それが施されていることが容易に分かる必要がある」と述べている。そして、透明性や可視性の確保は、非合理で愚かな選択をする余地を残すことにもつながる。サスティーンは、リバタリアン・パターナリズムの立場から、「合理的な判断」や「当人の利益」になるという結果を重視しつつも、あくまで個人の選択の自由が守られる必要があるとして、そのような余地を残すための条件を課したのである。

サスティーンは、近年の著書で、このことをより明確にしている。彼は、ナッジには、人々に情報を提供して「熟慮を促すタイプ」と、拒否しなければ適用される初期設定のように熟慮を促さずに「方向付けるタイプ」があることを認めた上で、それらの悪用を防ぐ条件、つまりナッジを利活用する条件として、ナッジを施す場合には、福利・自律・尊厳・自己統治の四つの価値を促進することを、説明できなければならないと論じている。

以上から明らかなのは、サンスティーンらの構想は、後者の「待望論」と軌を一にするものでは決してないということだ。レッシグが、ネット空間を拓く技術に法規制を与えることで、可能性や自由に対する技術の構成的な役割を担保したように、サンスティーンらも、選択アーキテクチャやナッジといった技術に利活用のための条件を課すことで、福利・自律・尊厳・自己統治の四つの価値を促進しようとしているのである。

レッシグにせよ、サンスティーンらにせよ、彼らの問題関心の中心は「いかに技術を利活用するか」であると言える。しかし、これは、技術を単なる道具として一方的に利用（規制）するということではなく、私たちが技術によって影響（構成）されるという点を評価し、こう言ってよければ、技術の客体となることを通じて、より良い主体となるための条件を模索するものだと考えるべきだろう。

そう言えるのは、彼らが技術を中立的とも制御不可なものとも見なしておらず、それは政治や経済や文化を含む意味での「社会的な所産」であり、だからこそ、変革も可能だと考えているからだ。既に述べたように、レッシグが、プログラム・コードが企業の私物化された「法」となり得るゆえに法規制が必要だと説いたこと、そして、その後の著作権制度や選挙制度など広義のシステムを「ハック」して変革につなげる試みは、こうした考えに基づく実践だと言える。サスティーンらはもっと明確に、同様のことを述べている。つまり、彼らによれば、「私たちが認識するか否かにかかわらずナッジは偏在」しており、「選択アーキテクチャは、私たちの生活の不可避の構成要素（社会的環境）」であって、しかもそれらは社会的な相互作用によってかたちづくられてきたものだというのである。

このような論点を本書の関心に再度引き付ければ、日本における二〇〇〇年代前半の「脅威論」は、私たちの生活や可能性や自由などに対する技術の構成的な役割を適切に評価するものではなかったし、二〇〇〇年代後半からの「待望論」は、技術が社会的な所産であるがゆえの不都合な側面と、それへの対策の必要性をやはり適切に評価するものではなかったと言えるだろう。

これらの不備は、両者に共通の前提が大きく影響していると思われる。共通の前提となる時代認識は、安逸と退屈の中で、既知の行為パターンを繰り返すことで自己充足しつつ、それ以上の、あるいは以外の選択は、最善の結果を導くと期待できるものに委ねてしまおうとする傾向性、約《つづ》めれば「個別の状況への最適化を目指す傾向性」を捉えたものだ。この時代認識にはもちろん議論の余地がある。しかしそれよりも、この時代認識を踏まえてなお、本書の観点から批判し得ることは、「脅威論」も「待望論」も、結局は、このような傾向性に抗う方途を考えるのではなく、それを所与とした統治のあり方を模索する方向へと進んだことである。

本書が批判的に乗り越えようとしているのは、まさにこのような方向性だ。技術からの全般的な解放も、技術への全幅の信頼も、どちらも「イデオロギー」だと見なすなら、それよりも重要なのは、技術との「協働論」をどう描くか、ということであるはずだ。この観点は、実のところ、技術の批判理論と呼び得る議論によって先取りされてきたものだ。本書は、その中でも、本論で紹介したフェルベークの議論に範を取りながら、前著『感情で釣られる人々』でも示した論点、すなわち、私たちをより怠惰にする技術ではなく、もう少しだけ利口にする技術を求めるべきだという論点を、技術との「協働論」に接続し、「技術による解放論」としてより具体化したものなのである。

情報社会の到来から、まもなく四半世紀が過ぎようとしている。そして、その間の技術の進展はかつての予想を大きく超えるものになっている。この時期に、本書で技術との「協働論」を考察するのは、「技術をどのように利活用するか」という問いに、技術と人間の単純な棲《す》み分けによって答えようとする風潮に抗うためでもある。特にAIとの関係では、「人間が取るべきAIとの共存戦略は、『創造』や『人間コミュニケーション』の分野で頑張ること」だという議論が為されがちだ。しかし、私は、まったくそうは思わない。

かつてリチャード・セネットは、ルーティンワークは卑しいかもしれないが、それでも人間を守ってくれると言った。「ルーティンワークはAIに、創造的な仕事は人間に」というのは聞こえは良いが、創造的な仕事は、いつまでも終わらない仕事であるし、人間コミュニケーションも、ときには承認疲れや気疲れを引き起こす、終わりのない実践だ。そうした仕事や実践に、始終邁進《まいしん》せざるを得ない世の中に本当にしてよいのだろうか。AIと人間の棲み分けに希望を見出すような、こうした方向での合理化は不合理な結果を招くことにはならないか。むしろ、多くの分野でAIと人間の協働を図るという、あえて効率追求を断念する不合理化こそが、私たちの人生にとっての合理的な選択であるかもしれない。

つまるところ、「技術をどのように利活用するか」という問いの答えは、「いかに生きたいのか」という問いにも答えるものでなければならない。これが本書の核心なのである。

「はじめに」で述べた「スマート化」の潮流が、この時代の本流であるなら、そこから離れることは現実的ではないし、そこに浸りきるのは溺れるのも同然だ。その本流の中で、うまく泳いでいくには、水面に居続けることが肝心なのである。要するに、私たちには技術との関係の中で、技術とうまく付き合っていける「主体」を発明することが必要なのだ。

最後になったが、大変お世話になった方々に心より謝意を表したい。

本書の構想のきっかけを下さったのは、昨年に上梓《じょうし》した『ＡＩアシスタントのコア・コンセプト――人工知能時代の意思決定プロセスデザイン』の共著者でもある吉岡直樹氏であった。ウェブマーケティングの知識は、吉岡氏から学んだものだ。また、情報社会学者の塚越健司氏にも的確なアドバイスを頂いた。メディア論・情報社会学への扉は、塚越氏に開いて頂いた。お二方に心より感謝したい。そして、集英社新書編集部の落合勝人氏には、『感情で釣られる人々』に続き、本書が世に出る機会を頂き、そして研究会等でも相談に乗って頂いていることに厚く感謝の意を表したい。同じく集英社新書編集部の細川綾子氏、および加藤裕子氏には、原稿の細部に至るチェックとアドバイスを頂いた。本書は、お二方の助力なしには為し得なかった。心より御礼申し上げる。

二〇一八年一月二一日　無為に溺死する動物はいない

堀内進之介

主要参考文献

「人工知能時代」に生きる私たち人間の来し方と行く末について、技術との関係に興味を持った読者のために、以下に日本語で読める参考文献をいくらか挙げておこう。

アルノルド・ゲーレン『技術時代の魂の危機――産業社会における人間学的診断』法政大学出版局、一九八六年
アンドリュー・フィーンバーグ『技術への問い』岩波書店、二〇〇四年
アンドリュー・フィーンバーグ『技術――クリティカル・セオリー』法政大学出版局、一九九五年
ヴァルター・ベンヤミン『複製技術時代の芸術』晶文社、一九九九年
ヴァンス・パッカード『かくれた説得者』ダイヤモンド社、一九五八年
ウェンディ・ブラウン『いかにして民主主義は失われていくのか――新自由主義の見えざる攻撃』みすず書房、二〇一七年
エドムント・フッサール『ヨーロッパ諸学の危機と超越論的現象学』中央公論社、一九七四年
エドワード・テナー『逆襲するテクノロジー――なぜ科学技術は人間を裏切るのか』早川書房、一九九九年
エリック・ブリニョルフソン他『機械との競争』日経BP社、二〇一三年
ギュンター・アンダース『時代おくれの人間』上・下、法政大学出版局、一九九四年

ジェイムズ・グリック『インフォメーション――情報技術の人類史』新潮社、二〇一三年
ジャック・チャロナー編『人類の歴史を変えた発明1001』ゆまに書房、二〇一一年
ジャン＝ガブリエル・ガナシア『そろそろ、人工知能の真実を話そう』早川書房、二〇一七年
ジョージ・リッツァ『マクドナルド化する社会』早稲田大学出版部、一九九九年
ジョナサン・クレーリー『24／7――眠らない社会』NTT出版、二〇一五年
ジョン・M・キャロル『シナリオに基づく設計――ソフトウェア開発プロジェクト成功の秘訣』共立出版、二〇〇三年
ジョン・R・サール『志向性――心の哲学』誠信書房、一九九七年
ジョン・シーリー・ブラウン他『なぜITは社会を変えないのか』日本経済新聞社、二〇〇二年
テリー・ウィノグラード他『コンピュータと認知を理解する――人工知能の限界と新しい設計理念』産業図書、一九八九年
ドク・サールズ『インテンション・エコノミー――顧客が支配する経済』翔泳社、二〇一三年
ノーバート・ウィーナー『科学と神――サイバネティックスと宗教』みすず書房、一九六五年
ノルベルト・ボルツ他・編『人間とは何か――その誕生からネット化社会まで』法政大学出版局、二〇〇九年
B・J・フォッグ『実験心理学が教える　人を動かすテクノロジ』日経BP社、二〇〇五年
B・ジャック・コープランド『チューリング――情報時代のパイオニア』NTT出版、二〇一三年
ピーター＝ポール・フェルベーク『技術の道徳化――事物の道徳性を理解し設計する』法政大学出版局、

二〇一五年
ブルーノ・ラトゥール『虚構の「近代」――科学人類学は警告する』新評論、二〇〇八年
ブルーノ・ラトゥール『科学論の実在――パンドラの希望』産業図書、二〇〇七年
ペーター・スローターダイク『「人間園」の規則――ハイデッカーの『ヒューマニズム書簡』に対する返書』御茶の水書房、二〇〇〇年
ベルナール・スティグレール『技術と時間1――エピメテウスの過失』法政大学出版局、二〇〇九年
ヘルベルト・マルクーゼ『一次元的人間』河出書房新社、一九八〇年
ポール・E・セルージ『コンピュータって――機械式計算機からスマホまで』東洋経済新報社、二〇一三年
マーク・ポスター『情報様式論』岩波現代文庫、二〇〇一年
マルティン・ハイデッガー『「ヒューマニズム」について』ちくま学芸文庫、一九九七年
マルティン・ハイデッガー『技術への問い』平凡社ライブラリー、二〇一三年
ミシェル・フーコー『自己のテクノロジー――フーコー・セミナーの記録』岩波現代文庫、二〇〇四年
ユルゲン・ハーバマス『イデオロギーとしての技術と科学』平凡社ライブラリー、二〇〇〇年
ラングドン・ウィナー『鯨と原子炉――技術の限界を求めて』紀伊國屋書店、二〇〇〇年
リチャード・セネット『それでも新資本主義についていくか――アメリカ型経営と個人の衝突』ダイヤモンド社、一九九九年
ルイス・マンフォード『機械の神話――技術と人類の発達』河出書房新社、一九七一年

ルチアーノ・フロリディ『第四の革命――情報圏《インフォスフィア》が現実をつくりかえる』新曜社、二〇一七年
ローレンス・レッシグ『CODE――インターネットの合法・違法・プライバシー』翔泳社、二〇〇一年

堀内進之介（ほりうち　しんのすけ）

一九七七年生まれ。政治社会学者。博士（社会学）。首都大学東京客員研究員。現代位相研究所・首席研究員ほか。朝日カルチャーセンター講師。専門は、政治社会学・批判的社会理論。単著に『知と情意の政治学』『感情で釣られる人々』、共著に『ＡＩアシスタントのコア・コンセプト』『人生を危険にさらせ！』『悪という希望』など多数。

人《じん》工《こう》知《ち》能《のう》時《じ》代《だい》を〈善《よ》く生《い》きる〉技《ぎ》術《じゅつ》

二〇一八年三月二一日　第一刷発行　　集英社新書〇九二六Ｃ

著者……堀《ほり》内《うち》進《しん》之《の》介《すけ》

発行者……茨木政彦

発行所……株式会社集英社

東京都千代田区一ッ橋二-五-一〇　郵便番号一〇一-八〇五〇

電話　〇三-三二三〇-六三九一（編集部）
〇三-三二三〇-六〇八〇（読者係）
〇三-三二三〇-六三九三（販売部）書店専用

装幀……原　研哉

印刷所……凸版印刷株式会社

製本所……加藤製本株式会社

定価はカバーに表示してあります。

ISBN 978-4-08-721026-2　C0230

Printed in Japan

a pilot of wisdom

改憲的護憲論
松竹伸幸　0914-A

憲法九条に自衛隊を明記する加憲案をめぐり対立する改憲派と護憲派。今本当に大事な論点とは何かを問う。

「在日」を生きる　ある詩人の闘争史
金時鐘／佐高　信　0910-A

在日社会における南北の断層、差別という修羅場を超えてきた詩人の闘争史を反骨の言論人・佐高信が聞く。

ペンの力
浅田次郎／吉岡　忍　0915-B

日本ペンクラブの前会長と現会長が、もはや絵空事ではない「言論弾圧」の悪夢に警鐘を鳴らす緊急対談。

松本清張「隠蔽と暴露」の作家
高橋敏夫　0916-F

現代人に今こそ必要な社会や国家への「疑い」を称揚し秘密を見抜く方法を清張作品を通して明らかにする。

羽生結弦は助走をしない　誰も書かなかったフィギュアの世界
高山　真　0917-H

スケートファン歴三八年の著者が演技のすばらしさを、マニアックな視点とフィギュア愛炸裂で語りつくす！

藤田嗣治　手紙の森へ〈ヴィジュアル版〉
林　洋子　044-V

世界的成功をおさめた最初の日本人画家の手紙とイラスト入りの文面から、彼の知られざる画業を描き出す。

決断のとき　――トモダチ作戦と涙の基金
小泉純一郎　取材・構成／常井健一　0919-A

政界引退後、原発ゼロを訴え、トモダチ作戦被害者基金を設立した、「変人」と呼ばれた元総理の初の回想録。

公文書問題　日本の「闇」の核心
瀬畑　源　0920-A

自衛隊の日報や森友・加計など、相次ぐ公文書の破棄・隠蔽問題。政府が情報を隠す理由とその弊害を解説！

したがるオスと嫌がるメスの生物学　昆虫学者が明かす「愛」の限界
宮竹貴久　0921-G

〝受精＝愛の成就〟の最も重要な決め手は何か。昆虫学者がオスとメスの繁殖戦略の違いを通して解き明かす。

私が愛した映画たち
吉永小百合　取材・構成／立花珠樹　0922-F

出演作品一二〇本、日本映画の最前線を走り続ける大女優が、特に印象深い作品を自選し語り尽くした一冊。

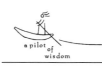